2015 부동산 막차를 잡아라

# 2015 부동산 막차를 잡아라

**초판 1쇄** 2015년 6월 30일
**2쇄** 2015년 7월 7일

**지은이** 김경민·김현주·정다운
**펴낸이** 전호림 **편집총괄** 고원상 **담당PD** 권병규 **펴낸곳** 매경출판㈜
**등 록** 2003년 4월 24일(No. 2 − 3759)
**주 소** 우)100 − 728 서울특별시 중구 퇴계로 190 (필동 1가) 매경미디어센터 9층
**홈페이지** www.mkbook.co.kr
**전 화** 02)2000 − 2610(기획편집)  02)2000 − 2636(마케팅)  02)2000 − 2606(구입 문의)
**팩 스** 02)2000 − 2609  **이메일** publish@mk.co.kr
**인쇄·제본** ㈜M − print   031)8071 − 0961

ISBN 979 − 11 − 5542 − 309 − 7(03320)
값 14,000원

현장 기자만 알고 있는 2015 부동산 투자 꿀팁!

# 2015: 부동산
# 막차를 잡아라

김경민·김헌주·정다운 지음

매일경제신문사

## 프롤로그

"몇 달 있다가 위례신도시 청약 물량 나온다는데 넣어도 괜찮을까요?"

"강남 재건축 아파트 급매물이 나왔던데 이 정도 가격이면 나중에 차익은 낼 수 있겠죠?"

2015년 새해 벽두부터 지인들로부터 문의전화를 자주 받았다. 한마디로 '부동산 투자로 대박을 낼 수 있냐'는 문의다. 사실 1~2년 전까지만 해도 이런 문의전화는 거의 없었다. 하지만 최근 상황은 확실히 달라진 것 같다. 친분이 있는 은행 부동산 전문 PB나 부동산 컨설팅업체 대표들에게 이러한 문의를 해보면, 돌아오는 대답은 엇비슷했다.

"확실히 2015년 들어 부동산 경기가 확 살아난 것 같아요. 그만큼 부동산 시장이 좋아졌다는 얘기 아닐까요."

2008년 글로벌 금융위기 이후 침체에 빠졌던 부동산 시장이 되살아나고 있다. 아파트 분양 모델하우스마다 투자자들로 북적이고 한두 시간씩 줄을 서야 겨우 모델하우스에 들어갈 수 있는 인기단지도 흔할 정도다.

위례신도시 같은 인기지역의 경우 평균 청약경쟁률이 100대 1을 넘어서기도 한다. 한동안 장롱에 넣어뒀던 청약통장을 부랴부랴 꺼내 이리저리 재보는 투자자들도 부쩍 늘었다.

부동산 시장이 회복세를 타면서 거래도 되살아나는 모습이다. 2015년 1분기 주택 매매 거래량은 2006년 1분기 이후 9년 만에 최대치를 기록했다. 건설사들은 모처럼 주택시장 훈풍을 타고 아파트 분양에 속도를 내고 있다.

부동산에 대한 인식도 확연히 좋아졌다. 부동산114가 수도권에 거주하는 20대 이상 성인남녀 346명을 대상으로 '2015년 상반기 주택거래소비자 인식조사'를 실시한 바 있다. 그 결과 현재 거주하는 주택의 6개월 뒤 매매가격을 평가하는 '주택가격전망지수'가 124.9를 기록했다. 2011년 1분기(133.8) 이후 가장 높은 수치라고 한다.

여기엔 적잖은 의미가 있다. 주택가격전망지수는 부동산114가

2007년부터 주택 수요자들을 대상으로 주택시장에 대한 인식과 전망을 6개월마다 설문조사한 후 그 결과를 지수화한 지표다. 100을 넘으면 주택가격 상승을 예측한 응답자가 많다는 걸 의미한다. 이 지수는 지난 2011년 1분기 133.8을 기록한 후 내리막길을 걷다가 2013년 100을 넘어서며 서서히 회복돼왔다.

긍정적인 지표는 또 있다. 현재 거주 중인 주택가격을 6개월 전과 비교해 평가하는 '주택가격평가지수'도 124.4로 집계돼 2009년 이후 가장 높았다. 6개월 전보다 내 집값이 뛰었다고 인식하는 사람이 많아졌다는 얘기다. 그만큼 부동산 시장 전망이 확실히 밝아졌다는 것으로 해석할 수 있겠다.

2015년 공동주택 공시가격을 보면 한동안 찬밥신세였던 고가주택의 인기가 되살아났다는 걸 알 수 있다. 6억 원 초과 9억 원 이하 주택의 변동률은 2.9%로 3억 원 초과 6억 원 이하 주택(2.5%)보다 훨씬 높았다. 9억 원 초과 주택 변동률은 이보다 더 높은 3.1%에 달했다. 불과 1년 전만 해도 9억 원 초과 주택은 1.8% 떨어지고, 6억 원 초과 9억 원 이하 주택도 0.8% 하락했던 걸 감안하면 분위기가 달라졌다는 얘기다.

고가주택 상승률이 높다는 건 그만큼 주택시장이 본격적인 회복세에 접어들었다는 점을 의미한다. 고가주택일수록 부동산 경기 변동에 민감해 떨어질 때는 가장 먼저 하락하고 오를 때는 가장 먼저 상승하는 특성이 있기 때문이다.

이번 책은 매경이코노미 부동산 담당 기자들이 직접 집필에 참여해 완성됐다. 단순히 부동산 재테크 정보를 알려주는 차원을 넘어, 부동산 시장이 진짜 되살아난 건지 진단해보고 어디에 투자해야 괜찮을지, 부동산 투자할 때 어떤 점에 유의해야 할지 짚었다. 되도록 부동산 시장 현장 느낌을 살리려 애썼다.

〈파트 1〉에서는 부동산 투자 원칙을 자세히 짚어봤다. 난립하는 부동산 지표 중에서 진짜로 돈이 될 만한 지표는 없는지, 어떤 원칙을 갖고 투자해야 성공할 수 있을지 기준을 제시했다. 〈파트 2〉에서는 서울 강남권뿐 아니라 강북, 수도권에도 투자할 만한 곳이 많다는 내용을 담았다. 강남 이외 신흥학군 지역을 소개하고 부자들 관심이 어디로 쏠리는지도 다뤘다. 〈파트 3〉에서는 부동산 상품에 투자할 때 수익률을 1%라도 더 올리는 방법이 무엇인지 제시했다. 수익형 부동산의 허와 실에 대해 알아보고, 부동산 상품 가치를 높이기 위한 관리 전략도 다뤘다. 〈파트 4〉에서는 지방에 숨어 있는 알짜 물량을 찾아보고, 지역별 혁신도시 아파트와 토지 투자 요령을 제시했다. 마지막으로 〈파트 5〉에서는 경매를 통해 부동산 투자에 성공하는 방법을 담았다. 경매로 상가에 투자하는 법, 공매로 대박나는 방법 등도 실었다.

아무쪼록 이번 책이 부동산 투자를 하고 싶지만 도무지 어떻게 할지 몰라 갈팡질팡하는 이들에게 조그마한 나침반 역할을 했으면 하는 바람이다.

충무로에서 김경민, 김헌주, 정다운

# Contents

프롤로그                                                      5

PART
01

# 부동산으로 돈 버는 시대,
# 다시 올까

단기 버블 꺼져도 가치투자는 영원하다                         17

남들과 똑같은 전략은 필패, 나만의 전략을 갖자                26

돈이 되는 부동산 지표는 따로 있다?                          39

일본식 버블 붕괴는 오지 않는다                              44

1년 된 청약통장 하나면 새 아파트가 내 것                    50

환금성 좋은 부동산을 골라라                                 56

아파트 유형만 잘 봐도 돈 된다                               66

규제 완화를 적극 활용하라                                   73

부동산 상품도 관리가 필요하다                               78

PART
02

# 강남 불패는 옛말,
# 강북이 들끓는다

강남 재건축? 시세차익 별로     89

강북 뉴타운 조합원 물량을 잡아라     97

강남 부럽지 않은 강북 신8학군     105

부자들 관심은 마포, 용산, 위례, 마곡으로 몰린다     113

PART
03

# 부동산 수익률
# 1% 더 올리는 방법

빌라 · 오피스텔 · 오피스 3총사 주목                                    123

거주하며 임대수익 올리는

점포겸용 단독주택지를 주목하라                                       131

수익형 부동산, 광고에 혹했다가 혹 붙인다                            139

월세로 돈 버는 건 하수, 고수들은 꼬마빌딩 사냥 중                146

시세차익 높은 상가 '입도선매'하는 법                                 153

대형 상권 못지않은 골목길 상권                                        160

PART
04

# 지방에서 금맥을 캐라

지방 광역시 신시가지를 노려라                                         171

혁신도시는 이미 올랐다?                                                181

수십조 원 풀리는 토지보상금 어디로                                  193

토지 투자에 자금 몰리는 이유                                          203

## PART 05

# 매매보다 경매가 낫다?

| | |
|---|---|
| 계절을 타는 경매 | 215 |
| 셀프 경매냐, 컨설팅이냐 | 222 |
| 경매로 상가 투자하기 | 228 |
| 경매만 고집 말라! 공매로 대박 나기 | 237 |

| | |
|---|---|
| 에필로그 | 245 |

PART

01

# 부동산으로
# 돈 버는 시대,
# 다시 올까

# 단기 버블 꺼져도
# 가치투자는 영원하다

아파트 이어 연립·다세대 주택 거래도 늘어 실수요 위주 재편

30대 연령층 주택 매입 비중 늘어난 건 부동산 시장 회복 신호

경제성장률도 안정적이라 부동산 투자로 손해 볼 위험 줄어들어

우리나라에서 손꼽히는 대형 건설사에 다니는 김 과장은 요즘 주말마다 목동 일대 중개업소를 둘러본다. 지금은 경기도 안양 평촌신도시 20평대 아파트에 전세로 살고 있는데, 머지않아 유치원생인 5살 딸이 초등학교에 입학하는 만큼 일찌감치 학군이 좋다는 목동 진입을 준비하는 것이다. 여윳돈이 많진 않지만 은행 대출을 최대한 끌어서라도 20평대 목동 신시가지단지를 구입할 생각이다.

김 과장은 건설사 직원이지만 원래 부동산 비관론자였다. '집값

이 떨어질 가능성이 높은 데다 취득세, 재산세를 감안하면 내 돈을 100% 돌려받는 전셋집이 낫다. 굳이 집을 살 필요가 없다'는 게 그의 생각이었다.

하지만 최근 들어 생각이 달라졌다. 지금 내집마련을 하지 않으면 몇 년 후엔 괜찮은 전셋집 하나 구하기도 어려울 것이라는 위기의식이 커졌다. 전셋값이 급등하면서 서울 주요 지역 전셋집이 줄줄이 월세로 바뀌고 있기 때문이다. 조만간 해외 주재원이라도 나가면 영영 내집마련 기회를 잃지 않을까 조바심도 났다.

"선배들 얘기를 들어보면, 집값에 거품이 끼었다고 생각해 내집마련을 미룬 경우가 많았다. 하지만 그들 대다수가 부동산 재테크에 실패했다. 나는 그런 전철을 밟고 싶지 않다."

김 과장이 솔직하게 털어놓은 속내다.


한동안 잠잠했던 부동산 시장이 들썩이고 있다. 2015년 1분기 전국 주택 매매 거래량은 통계를 집계하기 시작한 2006년 이후 최대치를 기록했다. 국토교통부에 따르면 2015년 1분기 전국 주택 매매 거래량이 27만 53건으로 2014년 1분기보다 18.3% 늘었다고 한다. 한동안 주춤했던 서울 강남3구 즉 강남, 서초, 송파 거래량도 13.3%나 급증해 눈길을 끌었다.

무엇보다 눈길을 끄는 건 연립·다세대주택 거래가 부쩍 늘었다는 점이다. 전국 연립·다세대주택 거래량은 30.8%, 단독·다가구주택 거래량도 25.6% 증가해 아파트 거래량(22.8%)을 웃돌았다. 특히 수도권에서는 단독·다가구주택 거래량이 45.4%나 늘어 아파트 거래량 증가 폭(28.7%)을 한참 앞질렀다.

## 2015년 1/4분기 주택매매 거래량

| | 총거래량 | 증가율 |
|---|---|---|
| 전국 | 27만 53건 | 18.3% |
| 수도권 | 13만 45건 | 22.5% |
| 서울 | 4만 5,133건 | 30% |
| 경기 | 6만 8,145건 | 17.2% |
| 인천 | 1만 6,767건 | 26% |
| 비수도권 | 6만 2,841건 | 17.6% |

\* 증가율은 전년동기대비 기준
자료: 통계청, 국토교통부

여기에는 적잖은 의미가 있다. 그동안 부동산 시장이 호황을 보일 때는 주로 아파트 가격만 치솟고 단독, 연립, 다가구, 다세대주택은 소외되는 양상을 보였다. 우리나라 사람들이 워낙 아파트를 선호하는 경향이 심해서이기도 하지만, 비아파트 상품은 그만큼 투자가치 면에서 좋은 평가를 받지 못했기 때문이다.

하지만 최근에는 분위기가 달라졌다. 전셋값이 고공행진하면서 전·월세살이에 지친 실수요자들이 아파트뿐만 아니라 단독, 연립, 다가구, 다세대주택 매매수요로 대거 뛰어드는 분위기다. 그만큼 부동산 시장이 대세 상승기로 접어들었다는 의미다.

몇 년 새 부동산 투자 바람이 잠잠하긴 했지만 그동안 우리나라 사람들 마음속엔 늘 '부동산 불패 신화'가 자리 잡고 있었다. 2015년 1월 개봉한 영화 〈강남1970〉을 보면 부동산 가격이 그동안 얼마나 급등했는지 잘 알 수 있다. 이 영화에 등장하는 격동의 1970년대는 강남땅이 평당 50원에서 70원 사이에 거래되던 1960년대와는 완전히 다른 모습이었다. 강남 개발이 시작되면서 평당 가격은 일약 5,000원 선으로 뛴다. 불과 10여 년 사이에 땅값이 무려 100배나 올랐다는 의미다. 당시 자장면 값이 100원, 담뱃값이 10원이었음을 생각하면 땅값 상승률이 얼마나 높았는지 짐작할 수 있다.

이 때문에 당시 부동산 시장 급변기를 겪으면서도 강남 땅 한 평, 아파트 한 채조차 구입하지 못한 세대들은 술자리에서 늘 후회 섞인 말을 털어놓는다.

"그때 잠실 주공아파트 한 채는 사놓았어야 했는데."

"집주인이 전세 끼고 사라고 했는데 딱 1,000만 원이 모자라서 못 샀어."

하지만 모든 선택은 본인 몫이다. 남 탓 할 필요는 없다. 당시 대출을 끌어서라도 우량 부동산을 매입한 이들은 향후 시장 전망을 밝게 보거나 그 지역만의 가치를 높게 평가하는 등 그들만의 부동산 투자 철학이 있었던 것이다. 이에 비해 부동산 시장 비관론자들이나 대출을 지독히 싫어했던 이들은 결국 부동산 투자에 실패하게 되었다. 1980년대 초 가격이 똑같은 아파트 한 채를 샀더라도 서울 강남 한복판 아파트와 강북, 지방 아파트 가격은 30여 년이 지난 지금 많게는 10배 이상 차이가 난다.

물론 부동산 시장 분위기가 조금 좋아졌다고 해서 무턱대고 집을 사는 건 위험하다. 투자에 앞서 가장 먼저 염두에 둬야 할 건 부동산 시장 거품이 꺼졌는지부터 따져봐야 한다는 점이다.

부동산 비관론자들 얘기부터 들어보자. 이들은 일단 주택 공급 과잉 우려를 제시한다. 우리나라 주택보급률이 100%를 넘어서면서 전국에 미분양 아파트가 넘쳐나는 상황인데 정작 수요는 부족하다는 것이다. 출산율도 점차 떨어지면서 머지않아 우리나라 인구가 감소하면 아파트는 공급 과잉에 시달릴 수밖에 없다는 전망이다.

가계부채 문제도 비관론의 근거로 꼽힌다. 2014년 가계부채가 1,060조 원을 넘어서는 상황에서 대출받아 산 집값이 폭락하거나 대출금리가 오를 경우 가계 자산이 부실해질 우려가 크다는 것이다. 우리나라의 가처분소득 대비 가계부채 비율은 160%로 미국(114.9%), 독일(93.2%)에 비해 훨씬 높다.

이들의 논리가 아예 틀린 건 아니다. 하지만 지금 시장을 보면 '부동산 거품이 걷혔다'는 분석이 지배적이다. 그 근거를 한번 찾아 보자.

첫째, 30대의 주택 매입 비중이 크게 늘었다는 점을 들 수 있다. 경기도 분당신도시 정자동 A아파트에 거주하는 정 씨는 요즘 자주 밤잠을 설친다. 2015년 9월 전세 만기를 앞두고 집주인이 전세금 을 무려 1억 2,000만 원이나 올려달라고 요구했기 때문이다. 현재 전용 99㎡ 아파트에 4억 원짜리 전세를 살고 있는데 최근 1~2년 새 전셋값이 급등하더니 어느새 5억 원을 넘어선 것이다.

그는 이미 전세자금 대출을 받아 더 이상 대출 여력도 없는 상태 다. 정 씨는 "전세금을 올려주려면 1억 원 추가 대출을 받아야 하는 데 걱정이다. 어차피 대출을 받아야 한다면 이참에 내집마련하는 게 낫다는 생각"이라고 털어놓았다.

실제로 요즘 주택 구매 수요층의 상당수가 자금력 있는 30대다. 2006년 이후 60대 이상 연령층의 주택 매입 비중은 지속적으로 감 소하고 있는 반면 30대의 주택 매입 비중은 급증했다.

한국감정원에 따르면 베이비부머세대(1955~1963년생)의 자녀 인 에코세대(1979~1992년생)가 2009년부터 2022년까지 매년 약 68만 명씩 주택시장에 진입해 향후 주택시장을 떠받쳐줄 것으로 보인다.

실제로 서울의 경우 2014년 기준 30대 연령층의 주택 매매 비중이 전체의 20%를 넘어 2006년에 비해 2배 이상 증가했다. 특히 타시도 주민이 서울 주택을 구입하는 비율이 연평균 18.3% 수준인데, 여기서도 30대의 주택 매입 비중이 크게 증가하는 것으로 나타났다. 서울 거주자가 경기도 주택을 매입한 경우도 30대가 가장 많았다. 30대가 그야말로 주택 매매 시장의 주류로 등장하고 있다는 의미다. 40~50대에 이어 30대까지 주택 매매 수요층으로 가세하면 부동산 투자 수요층이 그만큼 두터워질 수밖에 없다.

둘째, 전셋값 고공행진도 부동산 매매 시장 활성화에 긍정적인 요인으로 꼽힌다. 앞서 살펴봤듯 30대 구매수요가 늘어난 건 그만큼 전셋값 부담이 크기 때문이다. 전셋값 고공행진으로 전국 아파트 평균 전세가율(매매가 대비 전세가 비율)이 70%를 넘어서고 심지어 90%를 넘는 단지도 속출하는 상황이라 실수요층이 대거 매매수요로 뛰어드는 분위기다. '전세금을 올려주느니 차라리 내집 마련하겠다'는 수요가 늘고 있다는 의미다.

한국감정원에 따르면 2014년 거래된 전세주택 중 전세가가 2억원 미만인 주택이 70% 이상을 차지한다. 주택보급률은 100%를 넘어서지만 자가주택 비율이 54%로 낮은 수준이라 집값 하락에 대한 우려만 해소되면 자가 보유를 위한 주택 매매 수요도 늘어날 것이란 전망이 많다. 인구는 감소할 수 있지만 1~2인 가구 증가로 가구 수는 계속 늘어나는 만큼 주택 구매 수요가 충분하다는 의미다.

셋째, 부산이나 대구 등 개발호재가 많았던 일부 지방 대도시를 제외하면 집값 거품이 상당 부분 제거됐다는 분석도 나온다. 부동산 호황기였던 2006년 아파트 거래량이 108만 건에 달했을 때 부동산 가격은 연 11.3% 올랐다. 하지만 2014년에는 부동산 거래량이 100만 5,000건이었는데 주택가격은 1.71% 상승하는 데 그쳤다.

집값에 영향을 주는 지표로 꼽히는 '소득 대비 주택가격비율 (PIR)'도 눈여겨보자. PIR은 서울 기준 2009년 12.1배에서 2014년 9.2배까지 낮아졌다. 그만큼 몇 년 새 주택 구입 여력이 높아졌다는 의미다. 청약제도 개선으로 청약통장 1순위자가 2015년 1,000만 명 시대에 이르는 것도 실수요자 발길을 분양시장으로 끌어들이는 이유다.

신규 주택 공급 물량이 회복세를 보이는 상황에서 주택 재고물량이 큰 폭으로 감소됐음도 염두에 둬야 한다. 국토교통부에 따르면 2015년 1월 전국 미분양아파트 가구는 3만 6,985가구로, 2014년 1월(5만 8,576가구) 대비 2만 1,591가구 감소했다.

특히 중소형 아파트 가격이 상승하면서 중대형 평형과의 가격 차이가 많이 줄어들어 중대형 아파트 인기가 꽤 높다. 중소형 아파트 공급량이 늘고 신규 중대형 아파트 물량이 줄면서 오히려 중대형 아파트의 희소가치가 높아지고 있는 것이다.

국토교통부 조사결과 2014년 12월 기준 중대형 미분양은 1만 3,395가구로, 2만 4,102가구를 기록한 2013년에 비해 크게 줄었다. 같은 기간 중소형 미분양이 3만 6,989가구에서 2만 6,984가구로 줄어든 것과 비교해도 감소율이 훨씬 높다. 중대형 아파트 시장이 살아나는 건 그만큼 부동산 시장이 호황 국면에 접어들었다는 의미다.

부동산 시장을 전망할 때 꼭 살펴봐야 할 요인으로 경제성장률도 빼놓을 수 없다. 1970년대 이후 지금까지 장기적인 추세를 보면 부동산 가격이 경제성장률과 비슷한 수준으로 올랐기 때문이다. 우리나라 경제가 1997년 외환위기나 2008년 글로벌 금융위기와 같은 악재 없이 3%대 성장률을 유지한다면 집값도 상승 기조를 계속 유지할 것이란 전망이 많다. 최경환 부총리 겸 기획재정부 장관은 "2015년 경제성장률은 보수적으로 봐도 2014년 수준인 3.3%는 가능하다고 본다"고 밝힌 바 있다.

이를 종합해볼 때 2015년 이후 주택 시장은 본격적인 상승 국면에 접어들 거란 분석이 지배적이다. 2014년 7.4 부동산 대책에서 등장한 DTI(총부채상환비율), LTV(주택담보인정비율) 규제 완화와 함께 9.1 대책의 재건축 연한 단축, 신도시 공급 중단 선언 덕분에 부동산 구매 심리가 점차 개선되는 것도 한몫했다.

# 남들과 똑같은 전략은 필패, 나만의 전략을 갖자

'얼마 이상 수익 나면 판다' 등 나만의 투자원칙 필요

독단적 판단 말고 가족 데리고 가서 의견 모으는 것도 중요

이왕이면 대형보다는 소형, 초미니 상품 투자가 유리해

서울 강남구에 20년 이상 거주한 오 씨는 동네에서 일명 '복부인'으로 통한다. 직접 부동산 중개업소를 운영해서이기도 하지만 본인이 1년 동안 매입했다가 되파는 부동산만 10여 채에 이르기 때문이다. 종류도 아파트뿐 아니라 오피스텔, 소규모 점포 상가 등 다양하다. 10여 년 전부터 부동산을 사들이고 파는 행위를 반복해온 그는 어느새 100억 원대 자산가가 됐다.

오 씨의 부동산 투자 전략은 그리 복잡하지 않다. 호재가 있는 부

동산을 사고 5,000만 원 넘는 차익만 남기면 곧장 파는 것이다. 보통 부동산을 매입할 때는 목돈이 들다보니 대부분 3~5년 이상 보유하는 경우가 많다. 물론 그 기간 동안 가격이 계속 오르는 경우도 있지만 대체로 상승과 하락을 반복하기 마련이다. 그러다보니 매각시점을 제대로 잡지 못하고 결국 투자에 실패하는 사례도 부지기수다. 하지만 오 씨는 다르다. 어떤 상품이든 큰 수익을 기대하지 않고 5,000만 원 수익만 내면 곧바로 매도하는 전략을 써서 성공한 사례다.

오 씨는 "주식 투자할 때도 '10%만 먹으면 빠진다'는 투자자들이 많듯 부동산 투자에도 비슷한 원칙을 적용했다. 무리한 차익 목표만 잡지 않으면 부동산 초보자도 얼마든지 고수익이 가능하다"고 자랑했다.

오랜만에 부동산 시장에 호황이 찾아왔다지만 무턱대고 부동산에 투자할 수는 없는 노릇이다. 워낙 거금이 필요하기도 하지만 주식 투자할 때처럼 "○○종목이 좋다더라" 등등 남 얘기를 듣고 덜컥 사들이는 건 위험하기 때문이다. 대출을 끼고 수억 원짜리 아파트를 샀다가 몇 년 후 가격이 떨어져 팔기도 어려워지면 이보다 난감한 일도 없다.

부동산에 투자할 때는 자신만의 투자 원칙을 세우는 게 중요하다. 주식에 투자할 때처럼 무조건 가격이 오르는 상품을 덜컥 잡을

게 아니라 필승 투자전략이 필요하다는 의미다. 주변 얘기에 휘둘리지 않고 본인만의 부동산 투자 원칙을 가져야 한다.

필승 투자 원칙은 이렇다. 먼저 구도심보다는 새로 개발되는 신도시를 잡는 게 중요하다. 2014년 가을 분양한 단지 중 최대 청약경쟁률을 보인 단지가 있다. 바로 GS건설이 공급한 위례자이(Xii)다. 총 451가구 모집에 6만 2,670명이 몰려 138.96대 1이라는 높은 평균 경쟁률을 기록했다. 최고 청약경쟁률만 369.5대 1을 기록하며 인기리에 1순위 마감됐다.

위례신도시가 인기를 끈 건 그만큼 입지가 좋기 때문이다. 서울 송파구와 경기 성남, 하남시에 걸쳐 있어 강남권 신도시라는 매력을 갖췄다. 게다가 서울 신사에서 위례신도시까지 잇는 위례~신사선이 개통되면 위례신도시에서 강남까지 직통으로 갈 수 있고, 삼성역까지 다섯 정거장이면 도달한다. 정부가 앞으로 더 이상 신도시를 개발하지 않겠다고 선언한 것도 위례신도시의 가치를 더욱 높이는 요인이다.

출퇴근하기 좋은 지역, 자녀 학군을 생각할 때 거주가치가 높은 지역에 투자하는 전략도 필요하다. 부동산 투자에 성공하기 위해서는 가족들을 모두 데리고 가서 모든 사람의 의견을 종합하는 것도 중요하다. 남녀노소에 따라 부동산을 바라보는 관점이 다른 만큼 모든 요소를 충족시키는 부동산 가치가 높음은 두말할 나위가 없다.

부동산에 투자할 때는 금융상품에 투자하듯 명확한 원칙을 갖는 게 중요하다. 지금까지는 전통적인 부동산 투자인 자본이득 즉 시세차익을 보고 투자하는 경우가 많았지만 이제는 그런 시대가 지났다. 내가 보유한 부동산을 임대상품으로 돌릴 경우 임대수익이 얼마나 나올지를 따져보는 게 더 중요하다. 월세로 내놓을 경우 투자금 대비 매달 얼마나 수익을 올릴 수 있는지부터 알아봐야 한다는 의미다.

이때 자본환원율(미래 현금흐름을 할인하여 현재의 실질적 자산 가치를 파악하기 위해 사용되는 할인율) 개념을 활용하는 것도 좋다. 이는 투자자가 투입한 부동산 가격에 대한 임대수익을 계산해 보는 방법이다. 이 비율이 부동산 투자를 위한 대출 금리보다 높으면 부동산 투자가치가 높다는 분석이 나온다.

부동산 투자 전문가로 꼽히는 박상언 유엔알컨설팅 사장은 매번 부동산 강의를 할 때마다 "PER이 낮은 부동산에 투자하라"고 강조한다. PER(Price Earnings Ratio) 즉 주가수익비율은 주식시장에서 흔히 사용하는 분석기법이다. 주가를 주당 순이익으로 나눈 값으로서, 주당순이익의 몇 배가 주가로 나타나는지를 의미한다. 이를 부동산에 도입할 경우 주가는 부동산 매매가, 주당 순이익은 임대료로 환산해보면 된다.

　예를 들어 매매가가 100억 원 수준인 빌딩 임대료가 10억 원이라면 PER은 10으로 계산된다(PER=매매가/임대료). 만약 같은 입지에 위치한 A부동산 PER이 10이고 B부동산 PER이 7이라면 B부동산은 상대적으로 저평가돼 있다는 결론이 나온다. 보통 PER이 낮을수록 임대수익률이 높은 경우가 많다. 교통이 좋지 않은 수도권 외곽지역 대형 평형 아파트는 PER이 높고, 서울 도심 역세권에 위치해 전세가율이 높은 중소형 아파트는 PER이 낮다.

　이왕이면 PER이 낮은 아파트에 투자해야 짭짤한 임대수익을 올리고 추후 시세차익 가능성도 덩달아 높아진다. 막연히 개발 호재만 보고 투자할 게 아니라 본인이 관심을 갖고 있는 부동산 주변 시세를 살펴보고 PER을 따져보면 보다 스마트한 투자를 할 수 있다.

　'에그프라이 이론'도 눈여겨볼 필요가 있다. 에그프라이 즉 달궈진 프라이팬 안에 있는 계란 프라이를 상상해보면 된다. 열로 데워진 흰자와 노른자가 프라이가 되는 건 거의 동시지만 반대로 식을 때는 노른자가 아닌 흰자부터 식어간다는 논리다. 부동산 시장에서도 마찬가지다. 부동산 시장이 불황을 맞을 때는 도심이나 핵심지역에 비해 외곽, 비핵심지역 가격부터 떨어진다는 논리다.

　어떤 경우에든 중요한 건 되팔기 쉬운 부동산에 투자하는 게 유리하다는 점이다. 예를 들어 현금을 10억 원 쥐고 있다고 가정해보자. 10억 원짜리 서울 도심 중소형 빌딩을 구입하는 것과 2억 원짜리 임대형 상품 5개를 구입하는 것 중 어떤 게 더 나을까.

물론 입지에 따라 수익률은 천차만별이다. 하지만 만약 똑같은 입지이고 총 수익률이 비슷하다고 보면 2억 원짜리 상가 5개를 구입하는 게 더 유리하다. 5채를 구입할 경우 임대사업자로 등록해 취득세 등 세제 혜택을 받을 수 있는 데다, 가격이 저렴한 만큼 환금성이 높아 추후 매각도 수월하다. 멀리 보면 자녀에게 증여하기도 편하다.

게다가 요즘 가장 확실한 부동산 투자 트렌드는 뭐니뭐니해도 '소형 상품의 인기'다. 아파트의 경우에도 방이 5개 넘는 50~60평대 대형 평형보다는 20~30평대 중소형 평형 수익률이 훨씬 높다. 추후 매각하기가 쉬운 데다 관리비도 적게 들어 여러모로 투자 부담이 적기 때문이다. 3.3㎡당 매매가도 한때 대형 평형이 중소형 평형보다 높았지만 최근에는 중소형 평형이 대형 평형을 한참 앞지른 상태다.

아파트 시장에서도 '초미니 아파트'가 틈새 상품으로 주목받고 있다. 초소형 아파트로도 불리는 초미니 아파트는 보통 전용면적 60㎡ 이하인 소형 아파트보다도 작은 전용면적 50㎡ 미만의 아파트를 의미하며, 주로 원룸이나 투룸으로 구성된다. 최근 1인 가구

수요를 노린 투자자가 늘어난 데다 물량 자체가 많지 않아 희소성
이 높은 게 특징이다. 한때 오피스텔에 밀려 찬밥신세였지만 요즘
은 없어서 못 팔 정도다.

2014년 10월 서울 용산구 한남동에서 분양한 한남아이파크에
는 280가구 모집에 6,130명의 수요자가 몰려 평균 21.9대 1의 청
약경쟁률을 기록했다. 이 아파트는 전용면적 77~113㎡형 펜트하
우스 10가구를 제외하면 모두 45~49㎡의 소형 주택으로만 이뤄져
있다.

2014년 11월 서울 종로구 교남동에 선보인 경희궁자이도 초소
형 물량의 인기가 꽤 높았다. 특별공급을 제외한 149가구 중 가장
작은 전용면적 33㎡형은 단 11가구였는데 붙박이 전자제품, 많은
수납공간 등 1인 가구나 신혼부부에 맞게 설계돼 인기를 끌었다.
경희궁자이 청약경쟁률은 평균 2대 1이었던 반면, 전용면적 33㎡
형은 3.09대 1로 전 평형 중 가장 높았다.

삼성물산이 서울 영등포구 신길 뉴타운7구역에 공급한 래미안
에스티움(총 1,722가구)은 전용면적 39㎡ 5가구, 49㎡ 13가구 등
18가구를 초소형으로 만들었다. 전체 일반분양 물량(794가구) 대
비 2%에 불과하지만 모델하우스를 방문한 손님들마다 문의가 끊
이지 않았다. GS건설이 성북구 보문3구역에 공급한 보문파크뷰자
이는 전체 1,186가구 중 157가구(약 13%)가 전용면적 45㎡로 구

성됐다.

　기존 주택 시장에서도 초소형 아파트 거래가 활발해지는 분위기다. 서울 송파구 잠실동 잠실리센츠의 경우, 총 5,563가구 중 868가구가 전용면적 27㎡(약 12평)로 이뤄져 있다. 이 단지 대부분(3,240가구)을 차지하는 전용면적 109㎡ 못지않게 27㎡형도 거래가 꽤 많다.

　매매 시세도 올랐다. 잠실리센츠 전용면적 27㎡는 2005년 분양 당시 1억 9,000만 원에 팔렸지만 2014년 말 기준 3억 7,000만~4억 4,000만 원에 거래됐다. 2014년 10월에는 4억 9,000만 원에 새 주인을 찾기도 했다.

　초소형 아파트가 주목받는 이유는 1인 가구가 꾸준히 증가하면서 초소형 주택 수요도 함께 늘었기 때문이다. 전용면적 60㎡ 미만의 소형 아파트는 주로 신혼부부에게 인기인 반면, 50㎡ 미만 초소형 아파트 수요는 1인 가구 수요가 거의 대부분이다.

　통계청에 따르면 지난 2010년 1인 가구 비율은 25%에 육박하는 것으로 조사됐다. 오는 2020년에는 전국 10가구 중 3가구가 1인 가구가 될 것으로 예측된다. 공급 과잉과 공실률 증가로 오피스텔 투자가 주춤한 사이 1인 가구를 겨냥한 초소형 아파트 임대 사업 투자자가 늘어난 것도 요인이다.

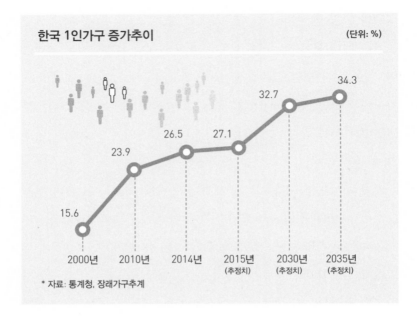

한국 1인가구 증가추이                                        (단위: %)

15.6
2000년

23.9
2010년

26.5
2014년

27.1
2015년
(추정치)

32.7
2030년
(추정치)

34.3
2035년
(추정치)

* 자료: 통계청, 장래가구추계

　수익률도 꽤 높은 편이다. 입지가 좋은 초소형 아파트의 경우 임
대수익률이 여느 오피스텔 수익률 못지않다. 잠실리센츠 전용면적
29㎡의 경우 보증금 2,000만 원에 월 130만~150만 원은 줘야 방을
얻을 수 있다. 3억 7,000만 원에 아파트를 사들여 월세를 놓을 경우
연 수익률이 최소 4.2~4.9%라는 계산이 나온다. 최근 저금리 기조
를 감안해 아파트 매입 자금을 대출받는다면 실투자금 대비 수익
률은 더욱 높아진다.
　초소형 아파트가 오피스텔의 비싼 관리비, 낮은 전용률, 도심 내

주거환경 등 단점을 보완할 수 있는 대체재라는 사실이 부각된 점도 인기가 많은 요인이다. 한동안 초소형 아파트는 청약이 미달돼 선착순으로 아무나 구입할 수 있던 찬밥 평형이었다. '강남 쪽방'으로 불리기도 했다. 하지만 이 아파트가 지금은 매물이 나오기 무섭게 팔려나가는 귀하신 몸이 됐다.

또한 이왕이면 새 아파트가 오래된 아파트보다 좋다. 요즘 아파트 분양시장이 어느 때보다 뜨거운 건 그만큼 새 아파트에 대한 투자수요가 넘쳐나기 때문이다. 아무리 입지가 좋아도 오래된 아파트라면 입주할 때 내부 인테리어를 새로 해야 하는 등 부대비용이 늘어난다. 재건축 예정단지로 관심을 끌고 있는 개포주공, 잠실주공5단지, 목동 신시가지 아파트가 대표적인 사례다. 비록 재건축 기대심리로 그동안 가격이 많이 올랐지만 재건축 추진이 주춤해지면서 호재 약발이 떨어질 경우 가격이 하락할 가능성도 배제할 수 없다.

다만 오피스텔은 오래된 상품의 수익률이 오히려 더 높다. 부동산114에 따르면 입주한지 10년을 초과한 오피스텔의 연간 임대수익률은 5.97%로 가장 높았다. 이에 비해 1~5년차는 5.05%, 6~10년차는 5.11%에 그치면서 전체 평균(5.71%)에도 못 미쳤다. 신규 분양 오피스텔의 경우 분양가가 비싸서 투자 대비 수익률이 더 낮은 경우가 많기 때문이다. 오피스텔에 투자한다면 반드시 새로 분양하는 상품만 고집할 필요는 없다는 의미다.

기존 오피스텔 시장에서는 서울 강남권보다 도심권 중심으로 관심을 가져보는 게 좋다. 좀 오래된 오피스텔은 의외로 매매가가 싸서 수익률이 높은 경우가 있다. 강남이나 도심에 기업, 관공서가 밀집한 만큼 저가 오피스텔 수요는 늘 꾸준하기 때문이다. 강남권 일대에서는 교보타워사거리, 역삼역, 강남역 인근에 오피스텔이 꽤 많이 분포해 있다. 서울 도심권역은 광화문·충무로·동대문·명동 등 업무지구 접근성이 높은 지역이 공실률이 낮다.

이왕이면 대기업이 들어오는 지역에 투자하는 것도 방법이다. 대표적인 곳이 경기 판교신도시다. 판교신도시의 경우 입지가 좋기도 하지만 판교테크노밸리 효과를 톡톡히 봤다. 2005년 판교테크노밸리가 조성된 지 10년 만에 허허벌판이었던 판교에 1,000여 개 기업이 모여들었다. 2011년 안랩을 시작으로 2013년부터 NHN엔터, 네오위즈, 엔씨소프트 등 IT기업들이 대거 입주했다. 이밖에도 넥슨과 한글과컴퓨터 등도 판교에 짐을 풀었다. 이렇다보니 판교는 정부 주도로 조성된 R&D단지 중 가장 성공적인 케이스로 꼽힌다. 최근 제2판교테크노밸리 조성 계획을 발표하면서 판교테크노밸리가 거대한 '창조경제 밸리'로 거듭날 전망이다.

경기과학기술진흥원에 따르면 현재 판교테크노밸리에 입주한

기업은 2015년 기준 약 1,000여 곳이며, 6만여 명이 근무하고 있다. 업종별로는 IT기업이 전체의 83%, 규모별로는 중소기업이 82%에 달한다.

판교테크노밸리에 이어 성남 한국도로공사 부지에 조성될 예정인 '제2 판교테크노밸리' 사업도 본궤도에 올랐다. 국토교통부는 2015년 중 경기 성남시 도로공사 이전 부지와 인근 금토동 일대 개발제한구역(그린벨트)을 창조경제밸리의 기반이 되는 도시첨단산업단지로 지정하기로 했다. 기존 66만여㎡ 규모의 기존 판교테크노밸리와 새로 조성되는 43만여㎡ 규모의 제2 판교테크노밸리가 합쳐지면서 정보기술(IT)·컨벤션·문화 등이 결합된 대규모 첨단산업단지로 거듭날 전망이다. 2017년 초 공사에 들어갈 계획이다.

우선 금토동 일대에는 LH(한국토지주택공사)가 2019년 말까지 첨단 업종 기업과 공공지식산업센터, 기업지원 허브 등이 들어서는 다기능 산업공간을 조성한다. 이곳에는 정부가 직접 공공지식산업센터를 마련해 창업기업에 무료로, 유망 성장기업에는 시세의 70~80% 수준으로 임대할 예정이다. 또 사옥과 연구소 등 산업시설을 지을 용지는 기존 판교테크노밸리 공급가격(3.3㎡당 1,200만~1,300만 원)의 70% 수준으로 공급할 계획이다.

덕분에 판교 집값도 많이 뛰었다. 판교 알파돔시티판교알파리움은 분양가 상한제 적용을 받아 분양 당시 주변 일반 아파트보다

3.3㎡당 300만~400만 원 싼 평균 1,900만 원에 나왔다. 이 아파트에 청약하기 위한 불법 청약통장 거래가 성행할 만큼 큰 관심을 모았고 2013년 8월 25대 1, 최고 399대 1의 경쟁률을 기록하며 1순위에서 마감했다. 분양 당시 인기만큼 몸값도 많이 올랐다. 2015년 기준 분양권에 1억~2억 원의 웃돈이 붙기도 했다. 알파리움은 상업·업무·복합시설이 함께 들어서는 대형 복합단지인 알파돔시티의 주거시설이다. 단지 안에 현대백화점·호텔이 들어설 예정이다.

# 돈이 되는 부동산 지표는
# 따로 있다?

서울시가 공개한 분양권, 입주권 실거래가 눈여겨볼 만

지역별로 구체적인 미분양 아파트 가구 수 살펴봐야

전세가율 높을수록 임대 놓기 유리하고 거래도 활발해

    초보 투자자들은 대개 '부동산 거래에는 매매, 전세, 월세 거래만 있다'고 생각하기 쉽다. 하지만 요즘 같이 부동산 시장이 본격적인 회복기에 접어드는 시기에 눈여겨볼 부동산 지표가 있다. 바로 아파트 분양권, 입주권 시세다.

    서울시는 분양권과 입주권의 실거래가와 거래량을 2015년 4월 1일부터 공개했다. 분양권과 입주권 실거래가는 국토교통부 부동산거래관리시스템(RTMS)을 통해 집계돼 왔다. 하지만 실체가 없다는 이유로 그동안 공개하지 않았다.

여기서 궁금증 하나. 분양권과 입주권은 어떻게 다를까. 입주권은 재개발, 재건축 등 개발사업 조합원이 새 아파트에 들어갈 권리를 말한다. 이에 비해 분양권은 건설사나 시행사가 공급한 일반 분양 아파트에 들어갈 권리라 입주권과 조금 다르다.

분양권, 입주권 시세는 서울부동산정보광장(land.seoul.go.kr)에서 확인할 수 있다. 분양권과 입주권 실거래가를 확인하면 웃돈(프리미엄)이 얼마나 붙었는지 알 수 있다. 그동안 분양권이나 입주권을 사려면 대개 '떴다방'을 통해 거래하는 경우가 많았다. 하지만 가격이 부풀려진 경우가 대부분이라, 서울부동산정보광장에서 분양권, 입주권 시세를 파악하면 그만큼 투자에 수월할 수 있다.

실제로 아파트 분양 시장이 인기를 끌면서 분양권도 덩달아 인기다. 국토교통부가 운영하는 온나라부동산포털에 따르면 2015년 1월부터 2월 말까지 거래된 아파트 분양권은 5만 4,454건에 달했다. 2014년 같은 기간보다 1,779건이나 늘어난 수치다. 여기에는 1~2월에 새로 분양한 3만여 가구의 최초 계약분까지 포함됐는데 3만여 가구 모두가 미분양 없이 팔렸다고 가정해도 2개월 동안 분양 가구 수의 80%가량인 2만 4,000여 가구 분양권의 주인이 바뀐 셈이다.

앞으로도 분양권 투자로 수익을 올릴 기회는 얼마든지 많다.

2014년 하반기부터 전국 주요 택지지구에서 신규 분양이 급증한 만큼 택지지구 전매제한기간(1년)이 풀리는 2015년 하반기부터 분양권 거래가 치솟을 것으로 보인다. 참고로 분양권 전매는 전국 공공택지의 경우 1년 간, 수도권 민간택지는 6개월 간 제한된다.

눈여겨볼 부동산 지표는 또 있다. 다름 아닌 미분양 가구 수다. 언론에 수시로 공개되는 미분양 아파트 수가 부동산 투자와 무슨 관계가 있냐고 반문할 수 있지만 결코 무시할 수 없는 지표다. 미분양 가구가 적을수록 그만큼 투자 대기수요가 많다는 의미이기 때문이다. 물론 서울, 인천 등 광역지자체 별로 보는 건 별 의미가 없다. 이왕이면 최대한 지역을 좁혀 내가 투자하려는 지역의 미분양 아파트가 얼마나 되는지 따져보는 게 좋다.

국토교통부 자료를 보면 2015년 1월 기준 서울 미분양 가구 수는 1,497가구였다. 1년 전인 2014년 1월(2,905가구)보다 절반가량 줄어든 수치다. 글로벌 금융위기 이후 7년 만에 최저치로 의미가 크다.

서울 내에서도 구별로 좁혀보면 상당한 의미가 있다. 서울 시내에서 금천구, 구로구, 도봉구, 동대문구, 동작구, 관악구, 송파구 등 7곳은 미분양이 아예 제로(0)였다. 강남3구(강남구, 서초구, 송파구)로 분류되는 송파구를 제외하면 나머지 지역은 모두 비강남권

## 서울 구별 미분양 가구수

| 구 | 미분양 | 구 | 미분양 |
|---|---|---|---|
| 금천구 | - | 노원구 | 5 |
| 동대문구 | - | 영등포구 | 8 |
| 도봉구 | - | 마포구 | 10 |
| 구로구 | - | 강남구 | 12 |
| 동작구 | - | 강서구 | 13 |
| 관악구 | - | 서초구 | 17 |
| 송파구 | - | 양천구 | 30 |
| 광진구 | 1 | 서대문구 | 156 |
| 중구 | 2 | 성북구 | 169 |
| 은평구 | 2 | 용산구 | 198 |
| 중랑구 | 3 | 종로구 | 211 |
| 강북구 | 3 | 강동구 | 653 |
| 성동구 | 4 | | |

* 자료: 국토부(2015년 1월 기준)

이라는 점이 눈길을 끈다. 대부분 집값이 저평가되고 개발호재가 많은 곳이라 미분양 아파트에도 상당한 수요가 몰렸다는 의미다. 이에 비해 강남구, 서초구, 강동구 등 이른바 강남권 지자체는 미분양 물량이 꽤 있어 무조건 강남권이라고 덥석 투자하는 건 금물이다.

전세가율도 눈여겨볼 만하다. '매매가 대비 전세가 비율'인 전세가율이 높을수록 전세 수요가 탄탄하다는 의미다. 그만큼 추후 임대 주기가 유리하고 거래도 잘 된다. KB국민은행과 서울부동산정보광장에 따르면 2015년 2월 서울 아파트 평균 전세가율은 66.8%였다. 이 중 전세가율이 70%를 돌파한 곳은 성북구(73.8%), 서대문구(73.1%), 동대문구(71.9%), 동작구(71.6%), 관악구(71.1%) 순이었다. 이어 광진구, 중구, 구로구, 성동구, 강서구가 뒤를 이었다. 본인이 관심을 갖고 있는 단지의 전세가율을 직접 계산해보고 전세가율이 높은 단지에 투자하면 후회가 없다.

# 일본식 버블 붕괴는
# 오지 않는다

소득 대비 주택 가격 수준 외국보다 훨씬 낮아

인구 1,000명당 주택 수 일본에 비해 양호한 수준

일본과 경제 사정 달라 거품 붕괴 우려 적어

대기업 직장인 최 씨는 흔히 말하는 부동산 비관론자다. 수년 전 결혼한 친구들은 저마다 전셋집을 탈출하기 위해 알뜰살뜰 저축을 하며 아파트 청약시장 문을 두드리지만, 그는 그 흔한 청약통장 하나 가입한 적이 없다. 오로지 전셋집만 고집한다. 향후 일본처럼 집 값이 폭락할 것이란 비관론을 믿기 때문이다. 최 씨는 "짧게는 2년 만에 한 번씩 이사 다니는 게 귀찮고 가족들도 불편해 하지만 집 살 돈을 절약해 다른 금융상품에 투자하는 게 훨씬 낫다고 본다. 앞으로도 전셋집에 계속 거주할 생각"이라고 말했다.

서울 서초구 반포래미안퍼스티지 전용면적 169㎡ 전셋집에 거주하는 이 씨는 올 가을 전세 만기를 앞뒀지만 별 걱정이 없다. 집주인이 전셋값을 올려도 얼마든지 더 주고 거주할 의향이 있기 때문이다. 이 집의 전셋값은 18억 원으로 웬만한 서울 아파트 몇 채를 사고도 남지만 '소유 욕심'은 버린 지 오래다. 이 씨는 "정부가 '집을 살 때'라며 수많은 대책을 쏟아내지만 집값이 더 떨어질지도 모르는데 굳이 세금 내고 살 필요가 있겠나. 초저금리 시대에 내 돈을 100% 돌려받는 전셋집이야말로 최고의 재테크 상품"이라고 털어놓았다.

전셋값이 고공행진하면서 수십억 원짜리 전세 매물이 쏟아진다. 강남 일대엔 20억 원이 넘는 전셋집이 수두룩하다. 2014년 4월 서울 강남구 타워팰리스1차 전용면적 244㎡는 23억 원에 거래됐다. 반면 최근 5년 새 3억 원 이하 서울 전셋집은 무려 26만 가구나 줄었다.

고가 전세가 속출하는 건 정부 잘못이 크다. MB정부 시절부터 '로또' 보금자리주택을 기다리며 내집마련을 미루는 전세 거주자가 급증했다. 박근혜 정부에서도 몇몇 인기지역 청약에만 관심을 둘뿐 전셋집에 만족하는 세입자가 넘쳐난다. 이사 다니기 힘들어도 집을 잘못 사 손해를 보는 것보단 낫다는 판단에서다. 3억 원 집을 소유할 때보다 10억 원 전셋집에 거주할 때 위험요인이 훨씬 적으니 전셋집은 부자, 서민 할 것 없이 매력적인 투자 상품인 셈이다.

전세는 우리나라에만 있는 세계 유일의 제도다. 전세가 인기를 끈 데는 주택금융이 미비했던 영향이 크다. 1970년대부터는 집값이 오르자 전세를 주고 좀 더 비싼 집을 사는 '레버리지 수단'으로도 활용됐다. 집주인 입장에서는 전세금만큼의 이자비용 포기를 감수할 정도로 집값 상승 기대가 컸기 때문이다.

하지만 이제 사정이 달라졌다. 집값이 급등하지 않을 경우 투자자 입장에서 전세제도는 결코 현명하지 않은 재테크다. 은행 금리가 1%대로 낮아진 만큼 집주인 입장에서는 차라리 월세로 돌려 생활자금으로 활용하는 게 훨씬 이득이다.

만약 우리나라 부동산 시장에서 전세가 사라진다면 어떻게 될까. 결코 장밋빛 미래는 아니다. 정년퇴직 후 소득이 없는 이들에게 월세는 적지 않은 부담이다. 저소득층은 저가 월셋집을 전전하며 주거의 질이 갈수록 나빠져 사회 문제가 될 수도 있다. 머지않은 미래에 전세가 사라진다면 서울 강남 부동산 시장에서는 몇백만 원이나 되는 월셋집조차 구하지 못한 세입자들의 불만이 쏟아질 수 있다.

한편에서는 일본식 장기 불황을 염려하기도 한다. 우리나라 인구 고령화가 빠른 속도로 진행되고 베이비부머 은퇴가 본격적으로 시작되면서 우리 부동산 시장도 일본처럼 장기 불황에 빠질 것이란 우려가 적지 않다.

일본은 1985년 불황을 맞으면서 곧장 금리 인하에 나섰다. 저금리로 빌린 돈이 부동산 시장으로 흘러들어가면서 집값이 급등하기 시작했다. 이런 흐름은 1980년대 후반까지 이어졌다. 하지만 1990년대 들어 상황이 달라졌다. 부동산 거품이 꺼지면서 20년 넘게 집값 하락세를 이어가는 중이다. 일본 국토교통성에 따르면 주거용 토지 가격은 2013년 기준 정점인 1991년 대비 49.1% 수준으로 사실상 반 토막 났다. 집값도 급락해 2013년 기준 도쿄 주택가격지수는 1998년과 비교해 27.5% 떨어졌다. 저출산과 고령화가 심해진 데다 '주택을 사도 오르지 않을 것'이라는 비관론이 팽배해 주택시장이 깊은 침체에 빠졌다.

얼핏 보면 우리나라와 비슷한 상황인 듯 보인다. 하지만 우리나라와는 철저히 다른 상황이라는 분석이 많다. 무엇보다 일본 집값 폭락은 주택 공급 조절에 실패했기 때문이란 분석이다. 건설산업연구원에 따르면 일본은 버블 붕괴를 맞은 1990년대 주택 착공 건수가 144만 가구로 버블 붕괴 전 호황이었던 1980년의 136만 가구보다도 많다. 경기가 좋지 않은데도 시장에 주택을 계속 쏟아낸 셈

## 국가 및 주요 대도시권 PIR

| 국가/도시 | PIR | 국가/도시 | PIR |
|---|---|---|---|
| 한국 | 4.4 | 호주 | 6.1 |
| 수도권 | 5.9 | 시드니 | 9.6 |
| 서울 | 7.7 | 맬버른 | 9 |
| 미국 | 3.5 | 캐나다 | 3.4 |
| 북동부 | 4.5 | 벤쿠버 | 9.6 |
| 뉴욕 | 6.1 | 토론토 | 5.1 |
| 샌프란시스코 | 7.2 | 영국 | 5.2 |
| 로스앤젤레스 | 5.9 | 런던 | 7.2 |
| 홍콩 | 11.4 | 버밍험&웨스트미드랜드 | 5.2 |

* 2010년 기준

이다. 이에 비해 우리는 일본과 비교하면 연간 공급 물량이 그리 많
지 않다.

소득 수준과 비교하면 우리나라 주택가격이 그리 높지 않다는
분석도 나온다. 2010년 기준 주요 국가의 소득 대비 주택가격 비율
(PIR)을 보면 2010년 기준 한국은 4.4로 홍콩(11.4), 호주(6.1), 영
국(5.2)보다 훨씬 낮다. 게다가 최근 서울, 수도권뿐 아니라 대구,
부산 등 지방 집값도 동시에 회복되는 분위기라 버블 붕괴 가능성

은 낮은 분위기다. 지방 도시들의 경우 수도권보다 훨씬 고령화 현상이 먼저 나타났지만 집값은 견고한 수준을 이어가는 중이다.

게다가 인구 대비 주택 수를 봐도 우리나라는 일본보다 훨씬 양호한 수준이다. 일본은 이미 2008년 기준 인구 1,000명 당 주택 수가 전국 451가구, 도쿄 548가구에 달했다. 이에 비해 우리나라는 2013년 기준 인구 1,000명 당 주택 수가 370가구에 그친다. 주택 보급률도 우리나라는 2013년 103%로 일본(115.2%, 2008년 기준)보다 훨씬 낮다. 경제성장률이 사실상 제로(0) 수준인 일본과 달리 우리나라는 적어도 3%대 성장률을 이어가는 만큼 부동산 시장이 깊은 침체에 빠져들긴 어렵다.

이를 정리해보면 일본식 집값 거품 붕괴가 우리나라에 나타날 가능성은 높지 않다는 분석이 나온다. 향후 집값이 상승할 가능성이 높은 상황에서 전세 제도가 사라지는 시대를 대비하려면 적어도 집 한 채쯤은 마련해두는 요령도 필요하다.

# 1년 된 청약통장 하나면
# 새 아파트가 내 것

청약종합통장 있으면 공공, 민간분양 모두 청약 가능

다자녀가구, 노부모 봉양 가구라면 특별공급 노려볼 만

묻지마 청약은 금물, 모델하우스 '화장발' 속지 않아야

은행 청약통장 하나만 있으면 남부러울 것 없던 시절이 있었다. 아파트 분양 시장이 워낙 인기를 끌다보니 서울 거주지역의 청약통장이 있으면 입지 좋은 곳을 골라 청약을 넣을 수 있었다. 운이 좋아 수십대 1, 아니 수백대 1 경쟁률을 뚫고 당첨되기만 하면 최소 수천만 원, 많게는 억대의 프리미엄을 손에 쥘 수 있는 기회가 있었다.

그리 오래된 일도 아니다. '청약 로또' 지역으로 불리던 판교 사

례가 딱 그렇다. 2006년 당시 경기도 판교신도시 청약을 넣으려 모두들 안간힘을 썼다. 주변에서 가뭄에 콩 나듯 판교 당첨자가 나오면 모두들 "밥 사라, 술 사라"라며 핀잔을 줬다. 당장 수억 원 차익을 챙길 수 있는 기회였기 때문이다.

하지만 부동산 분양시장에 불황이 닥치고 미분양 물량이 넘쳐나면서 청약통장은 어느새 찬밥신세가 됐다. 공공분양을 받을 수 있는 청약저축이든, 민간분양이 가능한 청약부금이든 간에 효용가치가 확연히 떨어졌다.

그러던 중 청약통장의 가치가 다시 살아났던 때가 있었다. 정부가 여러 개로 나뉘어 있던 청약통장을 하나로 통합한 '만능' 청약종합저축을 야심차게 선보였기 때문이다. 이 통장은 공공, 민간 분양에 관계없이 누구나 아파트 청약을 할 수 있어 매력적이었다. 금리가 시중은행 상품보다 훨씬 높았고 소득공제까지 받을 수 있었기 때문에 집집마다 청약종합저축 가입 열풍이 불기도 했다.

물론 청약통장에 가입한다고 해서 곧장 아파트 청약을 할 수 있었던 건 아니었다. 지역마다 금액 기준을 채워야 함은 물론이고 수도권의 경우 가입한지 2년이 지나야 1순위가 주어지는 조건도 있었다. 이 때문에 청약통장에 서둘러 가입하지 않은 경우 원하는 지역에 아파트 분양 물량이 나와도 먼 산 바라보듯 할 수밖에 없었다.

## 내게 맞는 청약통장은

| 🏠 | 청약종합저축 | 청약저축 | 청약부금 | 청약예금 |
|---|---|---|---|---|
| 대상 | 제한 없음 | 무주택가구주 | 20세 이상 개인 | 20세 이상 개인 |
| 금액 | 월 2만~ 50만 원 | 월 2만~ 10만 원 | 월 5만~ 50만원 | 300만~ 1,500만 원 |
| 청약 대상 | 모든 주택 | 전용85㎡이하 공공분양·임대 | 전용85㎡ 이하 민영주택 | 전 평형 민영주택 |
| 1순위 | 주택유형에 맞게 지정 | 가입 2년초과 납입 24회이상 | 가입 2년 초과 | 가입 2년 초과 |

그러던 중 정부가 또 한 번 청약통장 규제를 풀었다. 수도권의 청약 1순위 요건을 완화해 청약통장에 가입한지 2년이 지나야 1순위가 되던 것을 1년이면 1순위가 되도록 과감히 바꾼 것이다. 물론 지방은 원래 규제가 느슨해(?) 기간이 바뀌지 않았다. 지방은 종전 그대로 통장 가입 후 6개월이 지나면 1순위 자격이 주어졌다.

이러한 청약 제도 개편으로 실수요자 입장에선 청약 기회가 더욱 늘어났다. 가입한지 1년이 안 된 청약통장으로도 얼마든지 인기지역 청약이 가능해졌기 때문이다.

물론 동시에 청약경쟁률이 높아졌다는 점도 고려해야 한다. 전세난에 지친 세입자들이 내집마련으로 눈을 돌리면서 청약시장에 본격적으로 뛰어들고 있는 탓이다. 이제 청약 전략도 원점에서 다시 짜야 한다는 의미다.

아파트 분양 시장이 인기를 끌고 있는 지금 청약 전략은 어떻게 세워야 할까.

첫째 '묻지마 청약'은 금물이다. 이번 규제 완화로 청약통장 1순위자만 1,000만 명에 달한다. 금융결제원 자료를 보면 2015년 2월 말 기준 1순위 자격을 가진 청약통장 가입자는 무려 991만 4,229명에 달했다. 우리나라 국민 5명 중 1명이 청약통장 1순위란 의미다.

이렇게 청약통장 가입자, 그것도 청약 자격을 갖춘 통장 가입자들이 넘쳐나다 보니 자연스레 인기지역 청약 경쟁률이 높아지고 반대로 당첨확률은 낮아질 수밖에 없다. 때문에 이곳저곳 찔러보기만 하는 청약보다는 본인이 거주하기 원하는 지역을 중심으로 보다 유리한 조건을 활용해 청약에 나서는 게 좋다.

일단 청약에 앞서 눈여겨볼 만한 조건은 '특별공급'이다. 자녀가 셋 이상인 다자녀가구나 노부모를 봉양하는 가구면 더욱 유리하다. 젊은층들도 실망할 필요는 없다. 생애 최초 주택구입이나 신혼부부의 경우에도 제도를 잘 활용하면 당첨확률을 높일 수 있다. 물론 청약통장에 가입한 기간은 길면 길수록 좋다.

청약가점제가 적용되는 물량의 경우 무주택기간(32점), 부양가족 수(35점), 통장 가입기간(17점)에 따라 총 84점으로 운용된다는 점을 알아두자. 위례신도시, 마곡지구 같은 인기지역의 당첨자 청약가점은 60점을 넘는다. 청약가점제는 전용면적 $85㎡$ 이하 아파트에만 적용된다. 전체 물량의 40%만 청약가점제 몫이다. 나머지 60%는 추첨제인 만큼 청약가점이 낮더라도 기회는 얼마든지 있다.

청약을 할 때는 인기지역이라도 무작정 넣을 게 아니라 주변 단지에 비해 시세가 얼마나 저렴한지, 지하철역에서 가까운지, 학군은 괜찮은지 등 여러 요건을 따져봐야 한다.

또 이왕이면 삼성물산 래미안, 대우건설 푸르지오, 대림산업 e편한세상, GS건설 자이 같은 대형 건설사 브랜드 아파트가 유리하다. '대형 건설사가 짓는 집은 튼튼하고 믿을 수 있다'는 인식 덕분에 추후 전세를 놓기도 쉽고, 팔기도 훨씬 수월하다. 이에 비해 한국토지주택공사(LH)나 서울시 SH공사에서 공급하는 아파트는 대체로 분양가가 저렴하지만 대형 건설사 아파트에 비해 마감재 수준이 떨어지고 추후 애프터서비스(AS)도 불편하다는 점을 염두에 두자. 물론 아파트단지마다 조금씩 차이가 있으니 참고해야 한다.

모델하우스를 둘러볼 때도 주의할 점이 있다. 대부분 모델하우스 내부를 둘러보면 눈이 휘둥그레진다. 워낙 완벽하게 지어놓은 데다 여러 장식물을 들여놓아 '이런 집에 살면 내 삶의 수준이 한층 높아질 것 같다'는 착각을 하곤 한다. 화려한 조명도 한 몫 한다.

하지만 실상 새 아파트에 입주하면 현실이 다르다. 텅 빈 아파트 내부 곳곳에서 하자를 발견하면 '내가 왜 이 돈 주고 대출까지 껴가면서 아파트를 샀지'라는 후회를 하는 경우도 부지기수다.

# 환금성 좋은
# 부동산을 골라라

불황에 강한 부동산은 급할 때 현금화 쉬운 부동산

같은 건설사 아파트라도 최신 브랜드가 유리해

점점 다양해지고 있는 아파트 내부구조에 주목해야

2011년 당시 큰맘 먹고 경기도 용인의 70평형대 아파트를 구입한 김 씨. 몇 년 동안 넓은 아파트에서 떵떵거리며 살았지만 최근이 아파트가 애물단지로 전락했다. 곧 고등학생이 되는 딸 학군 때문에 강남으로 이사하기 위해 살던 집을 매물로 내놓았는데 몇 달째 집 보러 오는 사람조차 없기 때문이다.

처음에는 친분이 있는 공인중개업소 한 곳에 매물을 등록했지만 집이 팔릴 기미가 없어 인근 아파트 단지 내 중개업소 세 곳에 매물을 더 내놓기로 했다. 다급해진 김 씨는 중개업소에 묘안이 없냐고 문의했다. 하지만 중개업소에서는 "강남이면 몰라도 용인 70평대 아파트는 잘 안 팔린다", "가격을 몇천만 원 더 낮추면 모를까 지금으로서는 몇 달 더 기다려야 할지 모른다"고 털어놓았다. 김 씨는 "처음에는 방 5개짜리 아파트에 들어가 여유로운 공간을 누릴 수 있어 좋았지만 정작 제때 팔리지 않으니 답답할 노릇"이라고 말했다.

부동산 투자자들은 보통 입지가 좋은지, 집값이 얼마나 오를 것인지만 따져보고 투자에 나선다. 추후 얼마나 되팔기 쉬운지는 생각하지 않는 경우가 많다. 하지만 부동산 투자에 성공하려면 '환금성 좋은 부동산'을 고르는 건 기본이다. 불황에 강한 부동산은 현금화가 쉬운, 즉 잘 팔리는 부동산임은 두말할 나위가 없다.

환금성이 좋은 부동산을 고르려면 일단 수요가 넉넉한 지역이 유리하다. 지하철역이 5~10분 거리에 있거나 고속도로나 강변북로, 올림픽대로가 가까워 교통 여건이 좋아야 한다. 당장은 교통여건이 좋지 않더라도 추후 지하철이 개통되거나 도로가 새로 생기는 곳 인근 부동산은 그만큼 되팔기가 쉽다.

지역의 대표 상품격인 랜드마크 부동산을 고르는 것도 중요하다. 해당 지역 투자를 염두에 둔 수요자라면 일단 랜드마크 상품을 눈여겨볼 수밖에 없어 그만큼 거래가 많기 때문이다. 이왕이면 국내 시공능력평가 20위권 내에 드는 대형건설사 아파트를 고르는 것도 유리하다. 부동산 경기 악화로 중소형 건설사들은 하자 보수를 제대로 하지 못할 우려가 크고, 추후 부도가 날 경우 아파트 이미지가 악화될 수 있기 때문이다.

여기서 주의할 점 하나. 같은 대형 건설사 아파트라도 최신 아파트 브랜드를 내건 단지가 보다 유리하다. 한 예로 같은 삼성물산이 지은 아파트 중에서도 '○○삼성아파트'와 '○○래미안아파트'가 있다. ○○삼성아파트는 삼성물산이 짓긴 했지만 과거 래미안 브랜드를 내놓기 전에 지은 아파트라 단순히 삼성아파트라고 이름 붙인 것이다. 두 아파트를 똑같은 삼성아파트라고 생각하기 쉽지만, 같은 입지라도 대부분 래미안아파트 가격이 삼성아파트보다 높은 경우가 많다. 인기 브랜드가 붙지 않은 아파트는 낡은 단지라는 이미지가 있는 데다, 공간 구조도 요즘 아파트보다 훨씬 떨어지는 경우가 많기 때문이다.

아파트 내부 구조도 꼼꼼히 살펴봐야 한다. 소비자 눈높이가 높아지면서 아파트 평면이 갈수록 다양해지고 있기 때문이다. 보통 중소형 아파트 평면은 아파트 브랜드에 상관없이 대체로 비슷했지만 요즘은 아니다. 죽은 공간을 찾아내 틈새 평면을 개발하거나, 같은 평수라도 수요자 취향에 따라 공간을 다르게 설계하며 차별화를 꾀하는 식이다.

부동산114에 따르면 서울·경기에서 신규 분양한 아파트 단지 당 평균 주택형 수는 지난 2006년 4.3개에서 2014년 8개로 두 배가량 증가했다.

2013년 6월 삼성물산이 분양한 래미안 위례신도시는 전용면적 99~134㎡로 구성된 평면 유형만 18개에 달했다. 현대건설은 전용면적 99㎡와 110㎡로 구성된 위례 힐스테이트에 45개 유형의 평면 설계를 마련해 입주자가 원하는 방식으로 시공해주기로 했다. 수요자의 다양한 라이프스타일을 반영하기 위해서다.

아파트 평면 진화가 거듭되는 가운데 가장 대중화된 평면은 다베이(多-bay)형이다. '베이'는 전면 발코니에 접하고 있는 방이나 거실의 개수를 뜻한다. 베이가 많을수록, 즉 전면 발코니에 거실과 방이 많이 배치될수록 채광이나 환풍에 유리하다.

1990년대까지만 해도 안방과 거실 정도만 남향에 배치되는 2베이 구조가 일반적이었다. 이에 따라 나머지 방들은 북향으로 위치해 햇볕이 잘 안 드는 단점이 있었다. 그러나 채광이 좋은 남향을 유난히 선호하는 우리나라 정서상 전면 발코니 쪽으로 얼마나 많은 방을 배치하느냐가 분양 성패의 관건이 됐다. 이에 따라 전용면적 85㎡대의 아파트들이 2베이에서 3베이로, 다시 4베이로 변하기 시작했고 발코니 등 서비스 면적이 넓어지면서 체감 면적도 늘어났다.

설계 기술이 발달하면서 2000년 후반에 들어서는 전용면적 60㎡ 미만에도 3베이가 적용됐다. 전용면적 84㎡에서 ㄱ자로 설계돼 5베이 구조를 적용한 아파트도 나왔다. 최근에는 전용면적 84㎡에서 4베이, 4.5베이, 5베이까지 다양한 베이뿐 아니라 공간 활용도를 높이는 평면도 속속 등장했다.

베이확장형의 경우 평면이 길수록 발코니 면적도 넓어 확장에 따른 이득도 크다. 반면 긴 평면에 비해 폭은 좁아지기 때문에 방의 크기가 줄어들고 동선이 협소해지는 단점도 무시할 수 없다.

한 아파트에서 두 가구가 거주할 수 있는 세대분리형(부분임대형) 평면도 분양 시장에서 주목받는다. 세대분리형 아파트는 아파트 일부 공간을 나눠 현관과 주방, 화장실 등을 별도로 마련해 임대 수익이나 2가구 동거가족의 거주공간을 분리할 수 있도록 설계된 아파트를 말한다.

원래 세대분리형 아파트는 미분양된 대형 아파트 물량을 해소하기 위한 방안으로 등장했다. 중소형 아파트 선호도가 높아지고 대형 평수를 부담스러워하는 수요자가 많아지자 건설사로선 부분임대를 통해 수요자를 끌어오려 한 것이다.

최근에는 건설사마다 새로운 평면 개발에 나서면서 전용면적 59~84㎡ 중소형 아파트에서도 다양한 세대분리형 평면을 볼 수 있

## 갈수록 다양해지는 아파트 평면

| 평면 종류 | 특징 |
| --- | --- |
| 다베이형 평면 | 전면 발코니 접하는 방, 거실 개수 늘려 채광·환풍 유리하도록 설계 |
| 부분임대형 평면 | 아파트 일부 공간 나눠 2가구 거주하도록 설계, 전용 84㎡의 경우 투룸(방2개·거실·화장실·주방)+원룸(방1개·화장실·주방) 형태로 공급 |
| 복층형 평면 | 개별 가구당 2개 층 이용, 층고 높아 개방감 탁월 |

다. 84㎡ 내외 평형의 경우 투룸(방2+거실+화장실+주방), 원룸(방1+화장실+주방) 형태로 공급되는 경우가 많다. 77㎡에서는 원룸 타입이 3개까지 들어가는 세대분리형 아파트 사례도 있다.

이전에는 신축 주택에만 부분임대형 평면을 넣을 수 있었지만 정부가 리모델링 단지에 부분임대형 평면을 허용하면서 리모델링 단지에도 얼마든지 부분임대형 가구가 들어설 수 있게 되었다. 분리형 공간은 필요에 따라 언제든 다시 합칠 수 있는 것도 장점이다.

거주와 동시에 일정 공간을 임대 놓을 수 있는 세대분리형 아파트는 자금이 부족한 실수요자에겐 구미가 당기는 물건이다. 최근 금리가 계속 떨어지면서 마땅한 수입원이 없는 은퇴계층에게 각광받으며 확산되는 추세다.

수요자 선호도가 높은 복층형이나 중정(中庭, 집 안의 정원)형 평면이 아파트 저층부로 옮겨온 것도 최근 달라진 트렌드다. 복층형은 개별 가구당 2개 층을 이용하는 평면이다. 층고가 높아 개방감이 탁월하고 전용면적이 2배까지 늘어나는 게 장점이다. 중정형은 아파트 1층에 전용 정원이 있는 평면이다.

건설사 입장에선 복층, 중정형 평면을 통해 상대적으로 선호도가 낮은 저층 가구 강점을 부각시킬 수 있다. 수요자 입장에선 아파트에 거주하면서도 단독주택의 장점을 누릴 수 있어 매력적이다.

GS건설은 1층 필로티 공간을 활용한 베이확장형, 내 집 앞 주차가 가능한 타운하우스형, 가구 내 정원이나 테라스를 강조한 중정형 등 3가지 타입의 평면을 개발했다.

1층 가구의 경우 그 아래 지하공간까지 활용하도록 해 주거공간을 획기적으로 넓힌 것이 특징이다. 지하실을 주거공간으로 확장할 수 있을 뿐 아니라 지상층 같은 지하 테라스공간을 확보한 디자인도 등장했다. 수요자가 원한다면 다락방이 있는 복층 구조를 만들 수도 있다.

테라스가 있는 아파트 선호도가 높아지면서 삼성물산은 '동서남북 테라스 하우스'라는 아파트 디자인을 선보였다. 기존 테라스 아파트가 남향 전면으로만 테라스를 두는 방식이었다면 동서남북 테라스는 정면, 뒷면, 측면으로 각각 개별 테라스를 두고 용도에 맞게 활용할 수 있도록 한다는 취지다.

최근 아파트 평면의 트렌드 중 하나는 주부들 취향을 고려한 평면이다. 수납공간을 여기저기 집어넣고, 가변형 벽체를 활용해 공간 활용도를 높이는 식으로 진화하는 중이다.

중대형 아파트를 고집한다면 3면 발코니를 둔 단지를 노려보는게 좋다. 아파트 서비스 면적이 넓어지는 데다 통풍, 환기도 쉬워실수요자 사이에서 선호도가 높기 때문이다. 일반적인 발코니는아파트 앞면과 뒷면, 또는 앞면과 측면에 배치되는 2면 설계가 대부분이다. 3면 발코니 설계는 아파트 앞뒷면 2면 발코니를 기본으로 하고 측면에 발코니를 하나 더 둔 구조로 돼 있다.

2014년 12월 경기 광교신도시에서 공급된 힐스테이트광교(928가구) 전용면적 107㎡ 분양권에는 웃돈이 1억 원가량 붙었다. 이에앞서 2014년 5월 분양된 김포 한강센트럴자이1차(3,481가구) 100㎡도 소형 평형인 70㎡보다 오히려 일찍 계약을 마쳤다.

이들 아파트의 공통점은 중대형 평형에 3면 발코니 설계를 도입했다는 것. 한강센트럴자이1차는 100㎡에 3면 발코니 설계를 적용했다. 힐스테이광교는 3면 발코니가 적용된 97㎡A 277가구 청약경쟁률이 128.7대 1을 기록하면서 2면 발코니인 97㎡B(14.5대 1)보다 청약경쟁률이 높았다.

3면 발코니 설계가 인기를 끄는 이유는 서비스 면적이 한층 넓어지기 때문이다. 통상 발코니 면적은 전용면적에 포함되지 않는다. 따라서 발코니가 1면 늘어나면 그만큼 서비스 면적이 커지는 셈이다. 이 평형을 확장하면 일반 아파트에 비해 넓은 실내공간을 확보할 수 있게 된다. 면적이 추가된 만큼 드레스룸이나 서재, 수납공간 등 여러 용도로 활용할 수 있는 점이 매력이다.

일례로 현대건설이 공급한 힐스테이트광교에서 3면 발코니가 적용된 97㎡A·A1·C타입과 107㎡는 발코니를 확장하면 약 41~55㎡가 늘어나면서 실사용공간은 138~162㎡에 육박한다. 최상층에 지어지는 펜트하우스(18가구)는 발코니 확장 면적이 57~63㎡에 이르는 데다 29~37㎡ 규모의 테라스까지 별도 설치돼 넓힐 수 있는 서비스 면적만 86~99㎡에 달한다. 소형 아파트 한 채 넓이와 맞먹는다.

한강센트럴자이1차도 발코니를 확장할 경우 34㎡가량 실사용공간을 확보할 수 있다. 중대형 아파트에 3면 발코니를 추가하면 일반적으로 30~50㎡(약 10~15평)가량 서비스 면적이 늘어난다. 작은 방 하나가 더 생기는 셈이다.

일반적으로 100㎡ 이상 중대형 평형에 적용되는 설계지만 작은 평형에도 3면 발코니가 적용되는 사례가 있다. 대우건설이 2014년 광명역세권에 분양한 주상복합 아파트 광명역푸르지오는 110㎡뿐 아니라 59㎡C타입에도 3면 발코니 설계가 적용돼 실사용 면적을 8㎡(약 2.5평)가량 늘렸다.

이뿐 아니다. 발코니가 추가되면 그만큼 일조권과 조망권은 물론 통풍과 환기까지 개선된다는 장점도 있다. 경기 광교신도시에서 분양한 힐스테이트광교 928가구 중 대부분이 3면 발코니로 설계된 배경이다. 광교호수공원을 바라보고 있는 힐스테이트광교는 3면 발코니를 통해 탁 트인 공간감과 호수 조망권을 최대한 살렸다.

# 아파트 유형만 잘 봐도
# 돈 된다

부동산 호황 때 인기 끈 주상복합 다시 인기 회복

대형 건설사들 미뤄왔던 주상복합 분양물량 쏟아내

전용률 높인 주상복합 단지 평면설계가 인기 비결

　서울 한강에 위치한 대교를 지나가다 보면 강변에 우뚝 솟은 대규모 아파트 단지를 흔히 볼 수 있다. 얼핏 보면 다 같은 아파트처럼 보이지만 아파트에도 엄연한 유형이 있다.

　보통 쉽게 분류하는 방법은 일반 아파트인지, 주상복합 아파트인지 여부다. 일반 아파트는 말 그대로 1층부터 꼭대기 층까지 아파트로 빼곡히 채워져 있지만 주상복합 아파트는 다르다. 대체로 저층에 상가가 들어서고 위층에는 아파트가 자리 잡은 게 특징이다. 주상복합 아파트는 대체로 호황 때 인기를 끌었는데 부동산 경기 불황으로 인기가 많이 떨어진 상태다.

그러다 최근 들어 주상복합 아파트 분양 시장이 다시 활기를 띠고 있다. 단점은 개선하고 장점은 부각시키는 등 일반 아파트와의 경계를 허물어낸 덕분이다. 대형 건설사들은 그동안 미뤄왔던 주상복합 아파트 물량을 대거 쏟아내고 있다. 닥터아파트에 따르면 주상복합 아파트 공급 물량은 최저치를 기록한 지난 2010년 4,376가구 이후 2011년 5,608가구, 2012년 9,435가구, 2013년 1만 1,674가구로 해마다 꾸준히 상승세를 보여 왔다. 2014년에도 전국에서 분양된 주상복합 아파트는 2만 가구를 넘는다.

2000년대 등장한 주상복합 아파트는 부동산 경기가 호황이던 2000년대 중반까지만 해도 고급 주택의 대명사로 자리 잡으며 인기를 끌었다. 하지만 2008년 금융위기 이후 인기가 한풀 꺾였다. 초대형 평형 주상복합 아파트에 대한 선호도가 낮아지면서 공급된 주상복합 단지마다 미분양 사태를 빚기 일쑤였다. 2007년 당시 매매가 33억 원을 넘던 서울 도곡동 타워팰리스 전용면적 164㎡ 시세는 최근 20억 원을 밑도는 등 집값도 큰 폭으로 빠졌다.

그러다 수도권 2기신도시, 택지지구에서 주상복합 아파트가 다시 인기를 끌며 반전의 계기를 마련했다. 2014년 10월 말 위례신도시에서 분양된 주상복합 위례중앙푸르지오의 1순위 청약경쟁률은 평균 31.81이었다. 특별 공급을 제외한 288가구 모집에 9,171명이 몰리면서 최고 경쟁률 187대 1을 기록했다.

광명역세권지구에 들어서는 광명역파크자이와 광명역푸르지오도 보란 듯 1순위에서 청약 마감됐다. 두 단지 모두 주상복합 아파트로 광명역파크자이는 평균 12대 1, 최고 33.1대 1의 경쟁률을 기록했다. 총 731가구 모집에 8,781명이 청약통장을 꺼내든 것이다. 이보다 며칠 앞서 분양한 광명역푸르지오도 평균 청약경쟁률 3.74대 1, 최고 24.9대 1의 성적으로 1순위에서 모든 평형이 마감됐다.

서울에서도 지난 2014년 5월 분양된 용산푸르지오써밋과 7월에 분양된 래미안용산이 각각 1.45대 1, 1.82대 1의 평균 청약경쟁률을 자랑하며 순위 내 마감됐다. 지방에서도 주상복합 아파트의 인기는 거세다. 2014년 4월 대구 북구 칠성동에 공급된 주상복합 오페라삼정그린코아더베스트는 평균 76.1대 1의 높은 경쟁률을 기록했다.

주상복합 아파트 인기가 다시 살아난 이유는 무엇보다 중소형 평형 구성이 늘어난 덕분이다. 초대형 평형 위주이던 이전 주상복합 아파트와 달리 건설사마다 실수요자가 선호하는 전용면적 85㎡ 미만 중소형 평형 비중을 대폭 늘렸다. 서울 서초구 서초꽃마을5구역을 재건축한 힐스테이트서리풀이 대표적인 경우다. 이 주상복합 아파트는 일반분양 물량 116가구 모두 전용면적 59㎡ 평형으로만 이뤄졌다. 대림산업이 서울 영등포구에서 일반분양한 아크로타워 스퀘어도 85㎡ 미만 평형이 전체(655가구)에서 90%를 차지한다.

이 같은 중소형 평형 위주 구성은 전용률(분양면적 대비 전용면적 비율)을 높인 평면 설계 덕에 가능했다. 그동안 주상복합 아파트는 전용률이 50~60%에 불과해 일반 아파트 전용률(약 80%)에 비해 공간 활용성이 크게 떨어졌다. 하지만 최근에는 상황이 달라졌다. 일례로 용산푸르지오써밋 전용률은 평균 79%로 일반 아파트와 비슷하거나 높은 수준이다.

아울러 타워형(탑상형)보다 판상형 혹은 판상형과 혼용된 형태로 설계해 전용률을 일반 아파트 수준까지 끌어올린 단지도 적지 않다.

여기서 판상형이란 아파트 동 배치가 ㅡ, ㄱ자처럼 한쪽 면을 바라보게 일렬로 배치한 형태다. 전 가구를 남향으로 배치할 수 있고 맞통풍이 가능해 환기·채광이 잘된다. 베이(bay)를 늘리기 유리해 발코니 면적 등이 넓지만 외관이 단조롭고 조망권 확보가 쉽지 않은 단점을 지닌다.

반면 타워형은 Y나 ㅁ자처럼 중심부(코어)를 축으로 두 개 이상의 가구를 묶어 탑을 쌓듯 짓는 구조를 말한다. 탑 모양이라 2~3면이 외부에 개방돼 조망 범위가 넓고 다양한 디자인으로 외관을 설

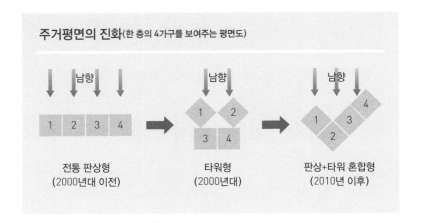

**주거평면의 진화**(한 층의 4가구를 보여주는 평면도)

남향

| 1 | 2 | 3 | 4 |

전통 판상형
(2000년대 이전)

남향

1 2
3 4

타워형
(2000년대)

남향

1 3 4
2

판상+타워 혼합형
(2010년 이후)

계할 수 있다. 하지만 환기·채광 등이 불리하고 실사용 면적이 판
상형보다 좁으며 일부 가구를 제외하고는 남향으로 배치하기 어
렵다.

최근의 주상복합 아파트는 판상형 또는 혼용으로 바뀌면서 이런
점이 개선됐다. 더불어 아예 주거동과 상업시설을 분리한 단지형
주상복합 아파트가 생기면서 소음 문제까지 해결됐다.

성냥갑 아파트라는 이름으로 불렸던 판상형 단지가 다시 뜨고
있다는 의미다. 한때 고급스러운 타워형 아파트에 밀려 한물갔다
는 평가를 받았지만 경기불황으로 주택 수요자들이 실속을 따지면
서 경제적이고 살기도 편한 판상형 아파트를 다시 찾기 시작한 것
이다.

## 타워형 vs 판상형

| | 타워형 | | 판상형 |
|---|---|---|---|
| 장점 | •독특한 평면 구조 설계 가능<br>•미관이 우수한 편<br>•동향, 서향, 남향, 남동향 등 다양한 방향으로 건설가능 | 장점 | •전 가구 남향 배치 가능<br>•남북으로 창을 만들어 통풍이 잘됨<br>•건축비가 타워형에 비해 저렴한 편<br>•남향으로 배치하기가 쉬워 햇빛이 잘 든다 |
| 단점 | •정남향으로 전 가구를 배치하기 어려움<br>•앞뒤 면 발코니 설치가 어려워 통풍이 어려움<br>•판상형에 비해 분양가가 비싼편 | 단점 | •단조로운 건물 외관<br>•조망권 확보에 어려움<br>•동간 거리에 의해 일조권 크게 좌우<br>•단지 내 소음 |

판상형 아파트의 최대 매력은 쾌적성과 경제성이다. 구조상 가구의 앞뒤가 뚫려 있어 통풍과 환기가 잘된다. 대부분 남향으로 배치돼 채광 효과도 높다. 공간 활용도도 판상형이 낫다는 평가가 많다. 앞뒤로 발코니를 확장해 집을 넓게 쓸 수 있기 때문이다. 건물 디자인을 위한 공용공간이 적어 전용면적이 넓은 것도 큰 장점이다. 각 동을 일자 구조로 세워 전 가구를 남향 배치할 수 있기 때문에 냉난방 효율도 높다.

수직증축을 할 때도 판상형이 타워형보다 수익성이 좋다. 보통 Y자 타워형 아파트는 1개 층에 3가구가 들어간다. 1개 층을 증축할 경우 3가구만 추가된다. 반면 판상형은 1개 층에 4가구가 들어가 1개 층을 올리더라도 가구 수가 타워형보다 많다. 3개 층 증축시 판상형은 타워형보다 3가구가 더 늘어나 기존 입주자의 분담금 부담이 줄어든다. 층당 25% 이익을 더 얻게 되는 셈이다.

판상형으로 설계된 대표적인 주상복합 아파트는 경기 광명시 광명역세권 주상복합 광명역푸르지오가 대표적이다. 판상형 설계에 전면 4베이(103㎡는 5베이) 설계를 적용하고 상가는 주거동과 분리해 오피스텔동에 집중 배치했다.

결국 주상복합 아파트와 일반 아파트의 차이가 거의 없어진 만큼, 투자할 때 주상복합인지 일반인지를 따지기에 앞서 '입지'부터 살펴봐야 한다. 주변 시세나 전용면적 대비 분양가, 관리비, 또 자녀를 둔 수요자라면 학군 등 교육여건 등을 눈여겨보는 게 중요하다.

# 규제 완화를
# 적극 활용하라

민간택지 분양가상한제 폐지 눈길

재건축 초과이익환수제 규제도 풀려

종합부동산세 등 다주택자 규제는 여전해

"부동산 시장은 규제에 살고 규제에 죽는다"라는 말이 있다. 그만큼 정부 규제에 따라 집값 등락이 심하다는 의미다. 정부가 규제를 풀면 부동산 시장이 반짝 살아나다가도 다시 규제를 가하면 금세 투자 바람이 시드는 경우가 흔하다.

최근 부동산 시장이 살아난 건 박근혜정부가 부동산 규제 완화를 지속적으로 추진해온 영향이 크다. 정부는 이른바 '부동산3법'으로 불리는 민간택지 분양가상한제 폐지, 재건축 초과이익환수제

3년 유예, 재건축 조합원 분양 3가구 허용을 중점 추진해왔다. 한동안 여야가 부동산3법을 두고 이견을 보이다가 2014년 말 극적으로 합의했다. 부동산3법이 도대체 뭐기에 여야가 이견을 보인 끝에 통과됐을까.

일단 분양가상한제 폐지는 건설사 입장에선 무엇보다 중요한 이슈다. 통과된 법안 내용을 보면 민간택지의 경우 분양가상한제를 폐지하되 청약경쟁률이 과도하게 높거나 집값 급등 우려가 있는 지역에서만 제한적으로 적용하기로 했다. 그동안 공공, 민간택지 모두 분양가상한제가 적용되면서 건설사들은 합리적인 분양가를 책정하지 못해 골머리를 앓아왔다. 그러던 중 분양가상한제 폐지로 입지가 좋은 곳엔 분양가를 높게 책정할 수 있다는 점에서 건설사들의 기대가 크다.

결코 건설사에만 좋은 일은 아니다. 재건축, 재개발 조합원 입장에서도 환영할 만한 호재다. 재건축, 재개발이 주로 진행된 민간택지에선 앞으로 분양가 제한 없이 사업을 자유롭게 할 수 있게 됐다. 이로써 조합원 부담금이 줄어들 가능성이 커졌다. 재건축, 재개발 사업을 할 때 일반 분양가를 높이면 개발 수익이 늘어나는 동시에 조합원이 내야 할 추가 부담금은 자연스럽게 감소하기 때문이다.

재건축 초과이익환수제 3년 유예는 재건축 시장에 긍정적인 영

**재건축 부담금 유예되는 서울 주요 재건축 아파트**

| 지역 | 단지 | 가구 수 |
|---|---|---|
| 강남구 개포동 | 개포주공2단지 | 1,400 |
| 서초구 잠원동 | 한신6차 | 560 |
| 송파구 풍납동 | 우성 | 495 |
| 강동구 상일동 | 고덕주공3단지 | 2,580 |
| 노원구 공릉동 | 태능현대 | 632 |

*사업시행인가 받은 단지
자료: 부동산114

향을 줄 것으로 보인다. 지금까지는 재건축 사업으로 주택 가격 평균 상승분을 넘어서는 이익이 발생할 경우 상당한 부담금을 내야 했다. 조합원 1인당 평균 이익이 3,000만 원을 넘으면 초과금액의 10%에서 최대 50%까지 부과됐다. 2014년까지 관리처분인가를 받지 못해 재건축초과이익환수제 대상이 된 아파트는 수도권에만 10만 7,000가구에 달한다. 전국으로 범위를 넓혀보면 무려 18만 4,000가구가 재건축 초과이익환수제 대상이다.

예를 들어 서울 강남권에서는 사업시행인가 이후 관리처분인가를 앞둔 서울 강남구 개포주공2단지, 강동구 고덕주공3단지, 서초구 잠원동 한신6차 아파트가 재건축 부담금 유예 효과를 볼 전망이다.

이 제도는 부동산 거래를 위축시킨다는 이유 탓에 당초 2015년 연말까지 시행이 유예된 바 있다. 하지만 주택법 개정안이 통과되면서 시행이 2017년 말까지 더 유예됐다. 완전 폐지는 아니지만 이번 규제 완화로 재건축 아파트 조합원 입장에선 그만큼 부담을 덜 수 있어 침체됐던 재건축 시장이 활성화될 거란 기대가 크다.

재건축 조합원 분양 3가구 허용도 눈길을 끈다. 도시 및 주거환경정비법 개정안에 따르면 수도권 과밀억제권역에서 재건축 조합원이 분양 받을 수 있는 주택 수는 원래 1주택이었다. 재건축 조합원이 주택을 여러 채 보유하고 있더라도 재건축 주택은 딱 한 채만 분양 받을 수 있었다. 하지만 규제 완화 덕분에 3주택으로 확대되면서 다주택을 보유한 재건축 조합원 입장에선 숨통이 트이게 됐다.

물론 앞으로도 풀어야 할 규제는 많다. 대표적인 게 종합부동산세다. 박창민 한국주택협회장(현대산업개발 상임고문)은 최근 "부동산 시장이 반짝 회복에 그치지 않기 위해 다주택자에 대한 징벌적 과세를 과감히 폐지해야 한다"고 주장했다.

박 회장은 대표적인 징벌적 부동산 과세로 종합부동산세를 들었다. 1주택자의 경우 공시가격 9억 원 초과가 부과 대상이지만 2주택 이상 보유자는 보유 주택을 합산해 6억 원이 넘으면 과세 대상이 된다. 양도소득세 장기보유특별공제도 1주택자는 10년 이상 보유 시 양도차익의 80%를 공제받을 수 있지만 다주택자는 30%만 인정한다. 그만큼 2주택 이상 다주택자에 대한 규제가 여전하다는 의미다.

지금은 비록 부동산 시장 분위기가 좋지만 부동산 규제가 풀리지 않으면 언제든 부동산 시장에 다시 찬바람이 불 수 있다. "당분간 분양시장 열기가 이어지겠지만 추후 입주 시점에 한 차례 고비가 찾아올 것"이라는 박창민 회장 얘기는 새겨들을 만하다.

# 부동산 상품도
# 관리가 필요하다

신축보다 오래된 건물 매입 붐

일본은 기업형 임대관리업 성행

국내에도 임대관리업체 등장 눈길

중소기업을 운영하는 정 씨는 얼마 전 서울 연남동 인근에 4층짜리 중소형 빌딩을 매입했다. 준공된 지 30년이 넘은 낡은 건물이라 건물 가치는 0원. 땅값(대지면적 391㎡)만 지불했다. 금액은 약 50억 원으로 주변 신축 건물에 비해 훨씬 저렴한 편이었다. 정 씨는 "홍대 상권이 연남동으로 급속도로 확산되는 분위기라 낡은 건물도 가치가 있다고 봤다. 관리를 잘해주면 비슷한 임대료를 받고 나중에 되팔 때 더 이득일 것"이라고 말했다.

부동산 시장에서 "싼 게 비지떡"이란 말은 통하지 않는다. 안목만 기르면 달콤한 꿀떡도 얼마든지 싸게 살 수 있다. 시세차익을 올리려면 최대한 낮게 구입해서 비싼 값에 되팔아야 한다. 이때 낡은 건물을 구입해 리모델링을 하고 새 건물처럼 보이게 한 뒤 팔게 되면 쏠쏠한 차익을 남길 수 있다. 건물 준공년도를 속이자는 건 아니다. 합법적으로 가능한 일이다.

준공된 지 오래됐지만 꽤 쓸 만한 건물들이 있다. 강남, 서초, 마포 등 중소형 빌딩 거래가 많은 지역에서는 최소 15~20년 넘은 건물이 전체 거래량의 60% 이상을 차지한다. 전문가들은 "오래된 건물은 저렴하고, 신축·증축하면 용적률을 높일 수 있기 때문에 투자자들이 선호한다"고 전한다.

아파트, 오피스텔도 연식이 오래됐다고 제값을 못 받는 건 아니다. 관리만 잘해주면 오히려 신규 분양을 받는 것보다 수익률이 높을 수 있다. 부동산114에 따르면 지난 2015년 1분기 준공 10년을 초과한 전국 아파트 매매가는 1.01% 올랐다. 2011년 이후 처음으로 준공 후 1~5년(0.99%), 6~10년(0.7%) 아파트를 앞질렀다.

신규 분양 주택은 별 다른 관리를 안 해도 되지만 분양가가 비싸다는 단점이 있다. 2015년 1분기 오피스텔의 3.3㎡당 평균 분양가는 1,343만 원으로 전년 대비 16.8% 올랐다. 때문에 전문 투자자들은 일부러 오래된 오피스텔의 저층을 공략한다고 한다. 주변 오피스텔 시세보다 더 낮은 가격에 매입해서 비싼 값에 되팔 수 있어서다. 관리만 잘 하면 주변 임대료와 비슷하게 받으며 임대 수익을 올릴 수도 있다.

상가 또한 신규 분양하는 곳보다 5년 이상 된 곳이 수익을 최대한 끌어올리는 데 도움이 될 수 있다. 신도시 상가의 경우 기반 시설이 갖춰져 있지 않다보니 초반에 덜컥 매입했다가는 낭패를 볼 수 있다. 상권이 어느 정도 검증된 곳의 오래된 상가가 더 나을 수 있다는 얘기다. 물론 건물 관리뿐 아니라 임차인 관리를 해야 한다. 임대료를 제때 납부하는 장기 임차인 유무가 상가 투자의 성패를 가르기도 한다.

하지만 건물 관리라는 게 말처럼 쉽지 않다. 투자자 입장에서는 주택, 상가, 오피스텔 등 여러 상품에 투자했을 수도 있고, 그렇지 않더라도 본업이 있기 때문에 별도의 시간을 내기가 어렵다.

일본에서는 주택 임대관리를 전문으로 하는 업체가 셀 수 없을 정도로 많다. 2015년 기준 일본 국토교통성에 등록돼 있는 임대관리업체는 3,636개 사. 이중 상위 10개 회사가 300만 호 이상을 관리한다. 일본 주택 중 700만 호 이상(55%)이 위탁관리를 맡기고 있는 것으로 알려졌다. 임대인이 직접 관리하는 비율(45%)보다 높다. 임대관리업체도 많고, 전문업체에 임대관리를 맡기는 임대인들도 적지 않다는 걸 알 수 있다.

일본에서 주로 유행하는 임대관리 형태는 서브리스(마스터리스)다. 서브리스란 관리를 맡은 전문업체가 임대인에게 고정 임대료로 시장 임대료의 80~95%를 확정 지급하는 걸 말한다. 임대인 입장에서는 골치 아픈 관리를 하지 않아도 되고, 안정적으로 임대료를 받을 수 있어 일석이조다.

부동산은 금융 상품처럼 투자한 뒤 일정 시점에 되파는 상품으로 보면 안 된다. 자가 거주 또는 자가 이용이 아니라면 분명 임대인과 임차인의 계약 관계가 발생한다. 즉 사람과 사람 사이에서 불가피하게 갈등이 불거질 수 있다. 임대료를 제때 못 받는 수금 문제부터 명도, 하자 보수까지 복잡하다.

계약서상에 명시된 특정 날짜에 임대료가 입금이 돼 있지 않을 경우 임대인이 할 수 있는 일이 그리 많지 않고, 하자보수 문제를 놓고 누구 책임인지 밝혀내는 일도 껄끄럽기만 하다. 공실만큼이나 관리 부실에서 오는 스트레스가 상당한 셈이다.

지금까지는 임대인이 부동산 중개업자에게 하자보수 등의 문제를 위탁해 왔다. 임대인과 임차인 사이에서 중개인이 조정 역할을 맡아 왔던 것이다. 그러나 중개인이 처리할 수 있는 일에는 한계가 있다. 임대인으로부터 명확한 업무 위임을 받아 일처리를 하는 게 아니기 때문이다. 이에 따른 수수료 체계도 마련돼 있지 않다.

책임 소재 면에서도 불투명한 측면이 있다. 중개인을 통해 하자 보수를 시행했는데 또 다시 하자가 발견될 경우 누구의 책임으로 봐야 하는지 불명확하다는 것이다. 빈번한 하자발생과 노후화는 결국 임대인의 비용 부담 증대로 이어진다. 이런 이유로 건물 유지 보수 및 임차인 관리를 전문으로 하는 서비스 회사가 생겨났다.

우리나라에서도 주택임대관리업으로 등록된 회사가 100여 개나 된다. 그러나 신생 회사가 대부분이라 실질적인 규모의 경제를 갖춘 곳은 많지 않다. 일본의 다이토켄타쿠, 레오팔레스21, 세키스이 하우스처럼 한 회사가 45만~60만 호를 관리하는 기업형 임대관리로 가기까지는 상당한 시간이 걸릴 것으로 보인다.

전문가들은 국내 주택임대관리업이 일본에 비해 20~25년가량 뒤처지는 이유를 두 가지로 설명한다. 하나는 국내 부동산 시장이 분양에 치우쳐 있다는 점이다. 시행사보다는 시공사 위주로 공사가 진행되다 보니 모든 일정이 분양에 맞춰져 있다. 어떻게 하면 미분양 없이 모두 팔 수 있는가를 고민하는 게 현 주택 시장의 현실이다.

또 하나는 관련 법 제정이 너무 늦었다는 점이다. 2014년 2월에서야 기업형 주택임대관리법에 관한 주택법 개정안이 발효됐다. 그 이전에는 기업들이 나서려야 나설 수 없는 상황이었다. 100여

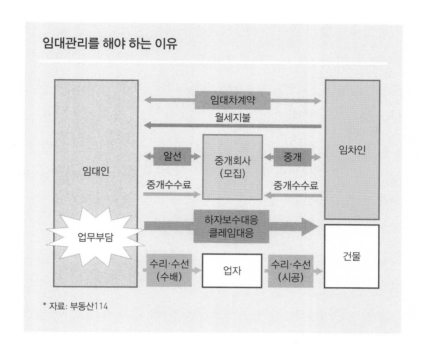

**임대관리를 해야 하는 이유**

임대인

임차인

임대차계약

월세지불

알선 ← → 중개회사 (모집) ← 중개

중개수수료

중개수수료

업무부담

하자보수대응
클레임대응

건물

수리·수선 (수배) → 업자 → 수리·수선 (시공)

\* 자료: 부동산114

개 업체가 등록을 시작한 것도 주택법 개정안 발효 이후다. 제대로 사업을 시작한 곳이 많을 수가 없다.

2014년 10월에는 비로소 100가구 넘는 주택임대관리서비스를 제공하는 업체가 등장했다. 신영은 강남보금자리지구 내 소형 오피스텔 653개 실 중에서 100개 실만 우선적으로 임대관리서비스를 시작한다. 임대료 연체나 미납이 발생하면 신영이 임대인 대신 임차인에게 입금 날짜를 지키도록 독촉하는 역할을 하게 된다. 난방, 전기, 빌트인가구 등 하자 처리와 수리도 대행한다. 집주인으로부터 받는 수수료는 매월 3만 5,000원 가량. 월세의 5%를 떼어준다고 생각하면 된다.

신영 외에도 KT에스테이트, 우리레오PMC, 라이프데크 등이 그나마 기업형 임대관리업을 지향하고 나섰다. 하지만 이들 업체도 아직까지는 중개업을 할 수가 없다. 법 규정 상 입주민 모집을 허용하고 있지 않기 때문이다. 이 점이 일본과 다른 점이다. 일본에서는 전문 임대관리업체가 입주민 모집부터 사후관리까지 모든 과정을 책임진다.

물론 무조건 전문 임대관리업체에 관리를 맡길 필요는 없다. 임대인이 전문 지식을 습득한 상태에서 관리에 나서는 게 최선일 수 있다. 굳이 전문업체와 수수료를 분담할 이유가 없는 것이다. 그러나 복수의 임대 사업을 하는 투자자들이라면 한번쯤 고려해 봐도 밑지는 장사는 아닐 것이다.

PART

02

# 강남 불패는 옛말, 강북이 들끓는다

# 강남 재건축?
# 시세차익 별로

일부 단지, 평당 매매가 5,000만 원 넘어

지금 투자했다간 상투잡기 십상이라는 의견도

이참에 저렴한 강북 아파트 매입해보는 건 어떨까


지난 2014년 10월 서울 서초구 랜드마크단지로 꼽히는 아크로 리버파크를 분양받은 김 씨는 요즘 잠을 뒤척인다. 당시 청약을 넣었다가 운 좋게 당첨이 되긴 했지만, 분양가가 너무 높았다는 생각이 좀처럼 머릿속을 떠나지 않아서다. 김 씨가 분양받은 평형대 평균 분양가는 3.3㎡당 4,100만 원대 초반. 주변 공인중개업소에서는 분양만 받아 놓으면 몇 년 뒤 3.3㎡당 5,000만 원 이상에도 팔 수 있을 것이라고 했지만, 꼭 그렇지만도 않을 것 같다는 불안감이 몰려온다. 인근 아파트 단지까지 모두 재건축될 경우 시세차익은 커녕 분양가 밑으로 가격이 떨어질 수도 있다는 불길한 예상마저 든다.

'강남 재건축=투자대상 1순위'라는 공식도 이젠 옛말이 됐다. 강남 재건축에 투자했다 본전도 못 찾은 사람들이 꽤 된다. 재건축 사업이 계획대로 진행되지 않아 피해를 본 투자자들도 상당수다. 이들은 하나같이 '묻지마 강남 재건축 투자'는 오히려 독이 될 수 있다고 경고한다.

강남 불패 신화의 대명사였던 강남 재건축이 심상치 않다. 가격 상승 기대감이 대거 반영된 탓에 집값이 천정부지다. 앞서 소개한 반포동 아크로리버파크 평균 분양가는 3.3㎡당 4,000만 원을 넘었다. 당시 강남구 아파트 평균 매매가가 3.3㎡당 2,850만 원대 수준이었는데 이보다 1,000만 원 이상 높게 책정된 것이다.

현재 재건축을 추진 중인 반포주공1단지 전용면적 107㎡ 가격은 25억 원을 넘나든다. 3.3㎡당 매매가는 5,992만 원. 서울에서 가장 비싼 아파트로 랭크되기도 했다. 서울 강남구 개포동 개포주공3단지, 반포동 에이아이디차관 아파트도 매매가가 5,000만 원을 넘어선다.

이러한 상황에서 전문가들은 "강남 재건축 단지 가격이 이미 오를 대로 올라 지금 투자에 나섰다간 상투를 잡기 십상"이라고 우려를 표한다. 서울시 25개 자치구를 통틀어 아파트 평균 매매가가 가장 비싼 곳은 서초구다(2014년 말 기준). 서초구 아파트 평균 매매가는 10억 2,036만 원으로 강남구(9억 9,729만 원)를 앞질렀다. 지난 2008~2009년 잇따라 입주한 반포자이, 래미안퍼스티지가 집값을 끌어올린 덕분이다. 이 때문에 서울 서초구 반포 일대는 신흥 부촌(富村)으로 주목받기도 했다.

하지만 투자자 입장에서는 그리 반가운 일이 아니다. 가격이 오르면 그만큼 수익을 낼 수 없기 때문이다. 반포동의 한 공인중개업소 대표 얘기를 귀담아 들을 필요가 있다. "2000년대 중반 부동산 호황기 때와 상황이 다르다. 미래 불확실성이 가득한데 단지 오를 것이란 기대감만 갖고 투자하기엔 매매가가 너무 높다. 대출 원리금 갚을 능력이 안 되면 쳐다보지 않는 게 낫다."

반포동 일대가 평균 가격을 끌어올리고 있지만 대부분 호가 위주란 얘기도 나온다. 거래가 뒷받침되고 있지 않다는 것이다. 강남권 분위기가 밝지만은 않은 이유다.


전문가들은 시세차익을 기대한다면 강남만 고집할 게 아니라 강북과 수도권 일대를 눈여겨보라고 권한다. 강남에 비해 집값 상승 여력이 충분하다고 보기 때문이다.

일례로 최근 서울 시내 주택가격 상승세는 강북이 주도하고 있

| 자치구 | 매매가 상승률 |
| --- | --- |
| 성북구 | 0.27 |
| 노원구 | 0.18 |
| 금천구 | 0.15 |
| 서초구 | 0.15 |
| 영등포구 | 0.13 |

**서울 집값 어디가 많이 올랐나** (단위: %)

* 2015년 1월~4월 중순 기준.
자료: 부동산114

다. 성북구 매매가 상승률은 0.27%로 서울에서 가장 가파른 상승세를 보였다. 그리고 노원구가 0.18%로 2위를 차지했다. 거래량도 강남보다는 강북이 더 활발하다. 종로, 서대문, 마포구의 2015년 1분기 거래량은 2014년 같은 기간보다 30~50%가량 늘었다. 반면 강남, 서초, 송파구 등 강남 3구는 3.2% 증가하는 데 그쳤다.

수도권도 서울 못지않게 집값 상승세가 가파르다. 2013년 하반기부터 집값이 가장 많이 뛴 곳이다. 지금까지 경기 광명, 이천, 안산, 안양 등은 5% 이상 가격이 뛰었지만 서초구 등 강남은 3%대 상승에 그쳤다. 지난 2000년대 초반 서울 강남권 상승률(65.37%)이 강북(29.35%), 수도권(49.08%)을 압도했던 것과는 상황이 180도 바뀐 것이다.

수도권 집값 상승률은 지방에 비해서도 고공행진이다. 한국감정원에 따르면 지난 2015년 3월 수도권 주택 매매가는 2014년 말 대비 0.75% 올랐다. 지방의 상승률 0.56%보다 0.19%포인트 높은 수치다.

거래량 집계는 수도권의 상승세를 더 확연히 보여준다. 국토교통부에 따르면 2015년 1분기(1~3월) 수도권 거래량은 13만 45건에 이른다. 전국 주택 거래량의 48.2%를 차지한다. 수도권 거래량은 2014년 동기 대비 22.5% 늘었다. 지방 거래량 14.6%를 월등히 앞섰다.

특히 강북이 인기를 끄는 이유는 집값이나 전셋값이 거의 대동소이하기 때문이다. 일례로 서울 성북구 돈암동 한신한진아파트 전용면적 84㎡의 경우, 평균 매매가는 3억 7,000만 원, 전세가는 3억 5,000만 원이다. 전세가율이 82.4%에 달한다. 세입자가 2,000만 원만 더 보태면 집을 살 수 있다. 실제 전세난에 시달리는 실수요자들은 기준금리가 낮아지자 이번 기회에 저렴한 강북 아파트 매입에 나선다는 소문이다.

결혼을 앞둔 예비부부 등 젊은 층도 강북권에 보금자리를 마련하는 중이다. 2014년 성북구 보문3구역을 재개발한 보문파크뷰자이, 강북구 미아 4구역의 꿈의숲롯데캐슬 등 신규 분양 때는 주말마다 견본주택에 방문하는 젊은 층이 상당수를 이뤘다. 이후 종로구 돈의문1구역 경희궁자이, 성동구 왕십리 뉴타운3구역 센트라스 분양 때도 청약 마감 열풍을 이어갔다. 특히 성동구 왕십리3구역은 1, 2구역에 비해 분양가가 비싸다는 평가가 있었지만 강남에 비하면 아직도 저렴하단 인식이 많은 탓에 높은 경쟁률을 보였다. 왕십리3구역 센트라스 평균 경쟁률은 10.5대 1. 청약 1순위에서 마감됐다.

지난 2015년 4월 삼성물산이 광진구 자양4구역에서 공급한 래미안프리미어팰리스 또한 11.7대 1의 경쟁률을 보이며 1순위 마감했다. 글로벌 금융위기, 국내 주택경기 침체 등의 악재로 미분양이 속출했던 예전의 강북과는 전혀 다른 모습이다. 강북권 아파트의 3.3㎡당 분양가는 대개 1,500만 원 선을 넘지 않는다. 3.3㎡당 2,000만 원대 후반에서 5,000만 원에 육박하는 강남권에 비해 훨씬 저렴하다.

현대건설이 공급한 백련산힐스테이트 4차는 분양가가 3.3㎡당 1,400만 원대, 코오롱글로벌과 대림산업이 각각 분양하는 꿈의숲 코오롱하늘채와 e편한세상화랑대도 1,500만 원 선이다.

물론 같은 강북이라 해도 2,000만 원 이상인 곳도 드물게 나타난다. 지역별로 분양가를 꼼꼼히 점검해봐야 하는 이유다. GS건설이 공급하는 신금호파크자이, 대우건설 아현역푸르지오 등은 도심권에 가까운 이점을 강조하며 3.3㎡ 분양가를 2,000만 원 이상으로 책정했다.

그러나 실수요자가 아닌 시세차익을 노리는 투자자라면 1,500만 원을 넘지 않는 강북 아파트를 공략할 필요가 있다. 강북구 미아동 경남아너스빌(전용면적 84㎡ 기준)의 경우 지난 2014년 8월 3억 6,000만 원에 시세가 형성돼 있었는데 불과 7개월 만에 4,000만 원이 올라 4억 원에 거래된다. 3억 원 중반에 매입했다면 수천만 원 웃돈을 챙길 수 있게 된 셈이다.

최근 분양가 상한제가 폐지되면서 건설사들도 분양가를 올리려는 유혹을 받고 있다. 당장 북아현 뉴타운 분양가부터 얼마나 올릴 수 있을지 주판알을 튕기고 있다는 후문이다. 만약 북아현 뉴타운이 분양에 선전할 경우 다른 뉴타운 또한 일제히 가격이 오를 가능성도 배제할 수 없다. 일반분양을 받으려고 대기하는 실수요자 입장에서는 불리한 대목이다.

전문가들은 요즘 분양시장 상황이 지난 2006~2007년과 비슷하다고 전한다. 당시 분양가 상한제를 피하기 위해 건설사들은 밀어내기 분양에 한창이었다. 이 때문에 묻지마 청약이 광풍처럼 일어났다. 하지만 호황은 그리 오래가지 않았다는 점을 명심해야 한다. 글로벌 금융위기가 온 바로 그 다음 해 2009년부터 주택시장은 침체에 빠지며 집값 하락 수모를 겪어야 했다. 이로 인한 손실은 모두 소비자들이 떠안게 됐다.

분양 장이 좋다고 묻지마식 청약에 나설 수 없는 이유다. 현재 분양을 받아도 입주할 시기는 앞으로 2~3년 후라는 점 역시 고려해야 할 부분이다. 전문가들은 시세차익을 노리기 위해 강북 지역에 투자하는 것을 권하지만, 가격·상품 등을 냉정히 판단한 끝에 투자에 나서야 한다고 조언한다.

# 강북 뉴타운 조합원 물량을 잡아라

북아현 조합원 지분 평당 2,700만 원대

장위 뉴타운 평당 1,500만 원이 적정선

길음, 청량리 뉴타운도 사업 급물살

　　잠잠하던 서울 강북 뉴타운 분양이 봇물 터지듯 쏟아져 나오고 있다. 8년을 기다려온 재개발 단지부터 10년 만에 공급하는 단지까지 오랜 시간을 끌어온 뉴타운이 대부분이다.

　　2015년 이후 대거 분양물량을 선보이는 강북 뉴타운은 주택시장 호황기 끝자락에 재정비계획이 결정된 3차 뉴타운이다. 북아현 뉴타운, 수색 뉴타운, 이문·휘경 뉴타운, 장위 뉴타운이 대표적인 3차 뉴타운이다. 이들 뉴타운은 서울 마지막 뉴타운으로 수요자들의 관심이 꽤 높은 편이다. 신길 뉴타운(2,671가구), 흑석 뉴타운 (2,481가구) 등 주로 한강 이남 지역에서만 공급이 됐던 과거와는 다른 양상이다.

2015년 4월 15일 청약을 시작한 서울 서대문구 북아현 뉴타운 아현역푸르지오는 1·2순위 청약접수 결과 6.6대 1의 평균경쟁률을 기록했다. 일반분양분 315가구 중 특별공급(9가구)를 제외한 306 가구 청약에 2,011가구가 몰렸다. 59C타입의 경우 8가구 모집에 417가구가 몰리며 52.1대 1의 최고경쟁률을 기록했다.

아현역푸르지오는 분양가상한제 폐지 후 첫 서울 도시정비사업 이다. 또한 북아현 뉴타운 첫 공급단지로서도 의미가 크다. 서울 서 대문구 북아현동 174번지 일대 북아현 뉴타운 1-2구역을 재개발한 이 단지는 지하 5층~지상 20층 16개동 940가구 규모로 공급된다.

여느 아파트와 달리 입주가 얼마 남지 않았다는 것도 특징이다. 이 아파트는 2012년 11월 공사를 시작했으며, 공사 도중 청약을 받 았다. 입주시기는 2015년 11월이다.


북아현 뉴타운은 모두 3개 구역으로 진행된다. 1구역을 제외한 2·3구역은 관리처분 인가를 준비하고 있다. 북아현 뉴타운 1-3구 역은 대림산업이 e편한세상신촌이란 이름으로 분양에 나선다. 최 근 재건축 조합의 동·호수 추첨 오류로 분양이 연기됐지만 조만간

## 2015년 상반기 서울 강북권 주요 신규분양

| 위치 | 단지 | 총가구수 |
|---|---|---|
| 북아현 뉴타운 1-2구역 | 아현역푸르지오 | 940 |
| 홍은동 홍은 12구역 | 홍은더샵 | 552 |
| 장위 뉴타운 2구역 | 꿈의숲코오롱하늘채 | 513 |
| 금호동 금호 13구역 | 신금호파크자이 | 1,156 |
| 아현 뉴타운 염리 2구역 | 공덕자이3차 | 927 |

스타트를 끊을 것으로 보인다. e편한세상신촌은 아파트 625가구에 오피스텔 100실로 구성된다.

북아현 뉴타운 공급이 속도를 내면서 조합원 지분가도 오름세다. 부동산114에 따르면 2015년 1분기 북아현 뉴타운에서 매물로 나온 조합원 지분가는 3.3㎡당 평균 2,700만~2,800만 원 수준이다. 인근 공인중개업소에서는 1구역 분양을 시작한 뒤로 조합원 지분 매매를 문의하는 전화가 하루 5통 넘게 걸려온다고 전한다. 2015년 9월 북아현 뉴타운 1-1구역(북아현힐스테이트)에서도 공급에 나선다. 북아현힐스테이트는 총 1,226가구로 일반 분양 물량은 350가구다. 조합원 물량이 870가구가 넘는다.

10년 만에 공급하는 장위 뉴타운도 강북권 실수요자 주목을 끈다. 서울 시내 최대 규모 재개발 사업장으로 불리는 장위 뉴타운은 2구역(꿈의숲코오롱하늘채)이 먼저 분양을 시작했다. 지하 3층 지상 최대 30층 5개 동 규모로 전용면적 59~97㎡로 구성됐다. 조합원분을 제외한 59㎡ 104가구, 84㎡ 230가구, 93㎡ 펜트하우스 1가구 등 335가구가 일반분양됐다.

장위 뉴타운 첫 공급단지이면서 북서울꿈의숲 조망이 가능하다는 점도 이 단지가 내세우는 특징이다.

성북구에 위치한 장위 뉴타운은 187만 3,057㎡ 면적, 2만 3,846가구를 수용하는 대규모 뉴타운이다. 지난 2005년 뉴타운으로 지정된 이후 2014년 지정이 취소된 12·13구역을 제외한 장위 1~11구역, 14~15구역 등 13개 구역이 재개발을 추진한다. 2016년에는 장위 1구역, 5구역에서 분양이 예정돼 있다. 관리처분인가를 받은 뒤 주민 이주가 진행되고 있다. 래미안(삼성물산), 푸르지오(대우건설) 등 내로라할 만한 브랜드 간 대접전이 예상된다. 4구역은 조합원 분양이 진행 중이다.

다만 장위 뉴타운은 입지 면에서 좋은 점수를 받지 못한다. 1호선 석계역, 6호선 돌곶이역 등이 인근에 있지만 도보로 이용하기에는 다소 거리가 먼 감이 있다. 특히 이번에 첫 분양에 나선 2구역은 전철역까지 거리가 상당하다.

인근에 동부간선도로, 내부순환로 등의 주요 간선도로 IC가 가깝긴 하나 도로 정체 구간이 많아 차를 타고 출퇴근하는 이들이라면 신중한 고민이 필요하다. 다행인 점은 서울 경전철 동북선이 계획돼 있다는 점이다.

일반 분양 물량이 썩 마음에 들지 않는다면 장위 뉴타운 조합원 물량을 사보는 건 어떨까. 일단 일반분양 가격이 어느 범위에서 형성되는지 살펴볼 필요가 있다. 인근 아파트 가격을 보자. 2014년 말 공급된 꿈의숲롯데캐슬은 3.3㎡당 1,400만 원대에 분양했다. 결과는 대성공. 장위 뉴타운도 이 가격 언저리에서 분양에 나설 가능성이 높다. 만약 이보다 더 높은 수준에서 분양가가 매겨진다면 3.3㎡당 1,500만 원이 적정선이다. 만약 일반분양가가 더 높게 책정된다면 조합원 지분을 매입하는 게 더 현명하다.

이밖에도 2015년 공급하는 뉴타운 단지는 수두룩하다. 10월에는 서울 동대문구 이문·휘경 뉴타운에서도 첫 분양 물량이 나온다. SK건설이 이문·휘경 뉴타운 2구역에서 총 900가구 규모(전용면적 59~100㎡)의 단지를 공급한다. 1호선 외대앞역이 가까이 위치해 있다. 이문·휘경 뉴타운은 101만 2,315㎡ 면적, 1만 8,234가구 규모다.

서울 은평구 수색증산 뉴타운 4구역에서도 분양이 예정돼 있다.

롯데건설은 총 1,076가구를 공급할 예정이다. 수색증산 뉴타운은 80만 3,960㎡ 면적, 1만 3,560가구를 수용할 수 있다. 상암월드컵경기장, 월드컵공원, 노을공원 등이 인근에 위치해 있다.

2015년 분양 일정을 못 잡은 뉴타운 사업장도 관심을 가질 필요가 있다. 길음, 청량리, 한남 뉴타운 등 오랜 기간 표류하다 최근 급물살을 타는 뉴타운 사업장이 몇 곳 있다.

길음 뉴타운 2차 1구역은 한때 뉴타운 해제가 확실시 됐다. 하지만 조합설립 동의율 산정 관련 소송에서 승소하고, 주택 시장이 다시 살아나면서 재개발 추진 쪽으로 무게가 기울었다. 현재 길음 뉴타운 2차 1구역은 조합원 분양 신청을 마치고 조합원 토지 등 자산 감정평가가 진행 중이다. 2015년 하반기 관리처분계획 인가를 신청하기로 했다.

길음 뉴타운 2차 1구역은 최고 37층, 19개 동 규모의 아파트 2,029가구가 들어설 예정이다. 총 부지 면적은 10만 7,534㎡. 조합원 물량이 1,500가구가 넘고, 일반분양은 510가구에 그친다. 현재 시세는 예상 감정평가 금액에 웃돈 4,000만~5,000만 원이 붙었다.

전문가들도 관리처분인가가 임박한 단지는 주목할 필요가 있다고 권한다. 사업이 어느 정도 진행돼 좌초 위험이 없기 때문이다. 물론 뉴타운 투자를 할 때는 추가 분담금 부과 여부에 대해서도 꼼꼼히 따질 필요가 있다.

이밖에 청량리 뉴타운 사업도 가속도가 붙은 상태다. 2014년 9월 사업시행 인가를 받았다. 청량리 뉴타운은 1994년 서울시 최초 도심 재개발 구역으로 지정됐지만 20년 동안 개발이 지지부진했다. 청량리 뉴타운은 롯데건설이 시공을 맡아 진행한다. 총 사업부지 3만 9,600㎡에 백화점과 호텔을 갖춘 46층 랜드마크 빌딩이 세워진다. 65층 높이의 주상복합단지 4개 동도 들어선다. 청량리 개발 기대감에 인근 미주아파트(전용 102.1㎡)도 가격이 오름세다. 2015년 들어 2,000만 원 이상 올라 3억 5,000만 원선에서 거래된다.

다른 뉴타운에 비해 입지가 좋은 용산 한남 뉴타운도 관심 대상이다. 한남 뉴타운은 현재 1구역을 제외한 4개 구역이 조합 설립을 완료했다. 한남 5구역부터 2017년경 2,800여 가구를 분양할 것으로 보인다. 한남 뉴타운은 서울 시내 교통 접근성이 가장 뛰어난 곳에 위치해 있음에도 불구, 글로벌 금융위기 이후 조합 내부 문제 등으로 진행에 차질을 빚었다.

한남동 인근 공인중개업소에서는 대지지분 가격이 3.3㎡당 2,500~6,000만 원대에 이른다고 전한다. 단독주택의 경우 3.3㎡당 2,500만 원 선에서 거래된다. 특이 사항은 규모가 작을수록 지분 가격이 더 오른다는 것이다. 대지지분이 20㎡ 초반만 돼도 조합원 자격을 얻을 수 있어 일부 부지 가격은 3.3㎡당 최대 6,000만 원까지 가격이 치솟았다. 당장 내집마련을 하지 않아도 되는 투자 자라면 장기 관점에서 8부 능선을 넘는 뉴타운 사업장을 고려해볼 만하다.

# 강남 부럽지 않은
# 강북 신8학군

교육 프로그램 우수한 강북 사립초등학교 인기

강남에서 원정 오는 학부모들 점점 많아져

대학교 부속 교육시설 인근 집값 탄탄해

'강남 공립초등학교를 보낼까? 그래도 강북 사립초등학교가 더 낫지 않을까?'

예비 학부모들의 고민이다. 답은 없다. 학부모 사이에서 유명한 인터넷 카페 '강남 엄마 vs 목동 엄마'에서도 수많은 논쟁만 있을 뿐이다.

그러나 강북에 거주하는 많은 학부모들은 강남 못지않은 강북 사립초등학교 교육 시스템에 만족하는 것으로 알려진다. 학비가 비싼 대신 그만큼 교육 퀄리티를 보장해준다는 것이다. 강북 학부모들은 일반 초등학교를 보내고 별도의 사교육을 실시하는 것보다 사립초등학교에서 대부분의 교육을 받게 하는 것이 더 낫다고 열변을 토하기도 한다.

강북의 사립초등학교는 의외로 많다. 서대문구 경기초등학교, 성북구 우촌초등학교·매원초등학교, 강북구 영훈초등학교, 도봉구 한신초등학교, 용산구 신광초등학교, 광진구 경복초등학교 등 강북 곳곳에 포진해 있다. 연간 학비가 1,000만 원을 훌쩍 넘는 곳도 4군데가 넘는다.

명문학교가 있으면 인근 집값은 뛰기 마련이다. 이른바 학군 프리미엄이다. 새 학기가 시작될 때마다 매매, 전세 물량을 찾느라 전쟁이다. 도보 통학이 가능한 주변 아파트는 따지지도 않고 거래될 정도다.

서울 시내에서 교육열이 가장 뜨겁다는 목동을 보자. 목동 6단지는 다른 단지에 비해 매매가가 평균 1,000만~2,000만 원 높다. 이는 목동 6단지 인근에 경인초등학교, 양정중고등학교가 위치해 있기 때문이다. 학군 수요가 높다보니 가격이 더 높게 형성된 것이다.

강북도 마찬가지다. 과거 학부모들은 강남에 거주하면서 아이들만 강북 사립초등학교로 보내는 경우도 있었다. 영훈초등학교의 경우 학생 절반가량이 강남에 살기도 했다. 그러나 학교와 집 간 거리가 멀어 아이들이 피로감을 호소하자 수많은 강남 학부모들이 강북으로 이사를 했다. 이 때문에 영훈초등학교 주변에 공급하는 아파트 단지들도 대부분 견본주택은 강남에 마련했다. 강남 학부모를 공략하기 위한 마케팅이었던 셈이다.

사실 학군이 좋은 강북 지역들은 여유부지가 부족해 신규 아파트 공급이 많지 않다. 우수 사립초등학교 주변에 집 한 채 사놓아도 리스크가 크지 않은 셈이다. 다만 집이 노후화되면서 감수해야 될 비용이 높아질 수는 있다. 이 때문에 강북 신흥 학군 주변에 투자하는 사람들도 많아지고 있다. 최근 건설사들도 신흥 학군 인근에 아파트 공급을 늘리는 추세다.

대림산업은 서울 중랑구 묵동 묵1재건축 부지에 e편한세상화랑대를 분양했다. e편한세상화랑대는 지하 4층, 지상 최고 25층 12개동 전용면적 59~96㎡ 총 719가구로 지어진다. 그 중 일반분양은 302가구 중소형 평형대로 구성돼 있다(59㎡ 17가구, 84㎡ 278가구, 96㎡ 7가구 등).

묵동은 중계동과 멀지 않은 곳에 위치해 있고, 학군도 나쁘지 않다. 원묵초등학교, 태릉초등학교, 공릉중학교, 태릉고등학교 등 초·중·고가 모여 있다. 자율형 공립고인 원묵고등학교도 도보로 통학이 가능하다. 묵동은 지명이 지필연묵(紙筆硯墨)의 '먹 묵(墨)' 자에서 유래될 만큼 학문에 대한 관심이 높은 지역이다. 육군사관학교 교수들이 많이 거주한다고 알려져 있다.

명문사립초등학교 명지초등학교, 충암초등학교가 인근에 위치한 은평구 응암동 일대에도 현대건설이 공급에 나섰다. 지난 2015년 4월 현대건설이 분양한 힐스테이트백련산 4차는 지하 4층~지상 19층, 13개 동 총 963가구 중 528가구를 일반분양한다. 전용면적은 59~84㎡이다. 단지 바로 옆에 응암초등학교가 있고 사립초등학교에 통학하기도 멀지 않다. 힐스테이트백련산 단지는 3차까지 완공됐으며, 모든 단지 가구 수를 합치면 4,000여 가구가 넘는 대단지다.

2014년 서울 중구 만리동 일대에 GS건설이 공급한 서울역센트럴자이도 학군 수요로 대부분 평형이 완판됐다. 서울역센트럴자이 인근에는 명문대 진학률이 높다는 환일중고등학교, 배문중고등학교를 비롯해 봉래초등학교, 소의초등학교 등이 위치해 있다.

명문학교뿐인가. 대학교 부속학교도 인기가 높다. 한국의 맹모(孟母)들은 사립초등학교 못지않게 대학교 부속 초등학교에도 관심을 가진다. 대학 재단에서 운영하는 대학교 부속 초등학교는 동아리나 방과후학습 등 프로그램이 잘 되어 있기 때문이다.

특히 명문대 재단에 속한 학교일수록 학부모들 관심도 높다. 선생님 또한 그 학교 출신일 확률이 높은 덕분이다. 때문에 학부모들은 대학교 부속 초등학교에 배정받기 위해 인근에 거주하려는 경향을 보인다.

서울 광진구 구의동에서도 동국대사범대부속여중고등학교로 통학이 가능한 단지는 집값 상승세가 탄탄한 데 반해, 그렇지 않은 단지는 상승세가 미미하다. 구의동 새한아파트(전용 59㎡)는 3억 6,000만 원에 거래되며 지난 2년 동안 4,500만 원 가량 올랐다(KB국민은행 부동산시세 기준). 다른 학군으로 배정받는 광장동 광장현대 3단지는 같은 평형인데도 가격이 750만 원 오르는 데 그쳤다. 서울대 사대부속 중고등학교로 배정받을 수 있는 성북구 종암동 극동아파트(전용 59㎡)는 지난 2년 동안 5%가량 매매가가 상승했다.

때문에 건설사들도 대학교 부속 교육시설로 통학이 가능한 아파트를 공급하는 경우가 많다. 현대건설이 포스코건설·SK건설과 함께 분양에 나서는 왕십리 뉴타운 3구역은 한양대사범대학부속중고등학교로 통학이 가능하다. 단지 인근의 무학초등학교, 신당초등학교, 성동고등학교 등도 걸어서 이용할 수 있다. 왕십리 뉴타운 3구역은 2호선 상왕십리역이 바로 근처에 있다. 지하 6층~지상 28층, 32개 동, 전용면적 40~115㎡, 총 2,789가구로 이 중 1,171가구가 일반분양된다.

| | 청구 3차 | 건영 3차 |
|---|---|---|
| 1월 | 5억 500만 | 4억 9,500만 |
| 3월 | 5억 1,000만 | 5억 1,000만 |
| 6월 | 5억 1,000만 | 5억 1,000만 |
| 9월 | 5억 2,500만 | 5억 2,500만 |
| 12월 | 5억 5,000만 | 5억 3,000만 |

**서울 중계동 학원가 주변 평균매매가** (단위: 원)

* 2014년 매매가 추이, 12월은 5일 기준
  자료: KB국민은행, 서울부동산정보광장

서울 시내 3대 학원가로 알려진 강북 노원구 중계동은 또 어떤
가. 강남 대치동, 목동처럼 일부러 중계동에 사는 사람들이 많다.
중계동 학원가가 밀집한 은행사거리 인근 아파트 집값이 활활 타
오른다. 지난 2014년 9.1 부동산 대책 이후 강남 재건축 호가가 내
리막길을 달릴 때도 중계동은 여전히 상승세를 보였다. 학군에 주
변 사교육 시설까지 두루 갖추면서 매매가, 전세가 모두 상승곡선
을 나타낸다.

중계동 대표 단지 청구3차(전용 84㎡) 평균 매매가는 5억 8,000

만 원까지 올랐다. 1년 전 5억 원 초반에 머물렀던 것과는 다른 양상이다. 전세가는 4억 2,000만 원. 입주한 지 20여 년이 지난 아파트 치고는 전셋값이 결코 저렴하지 않다.

인근 건영3차(84㎡)는 4억 원 후반에 매매되다가 최근 5억 4,500만 원선까지 훌쩍 뛰었다. 중계라이프 101㎡ 역시 같은 기간 5억 초반에서 중반으로 올랐다. 신안동진아파트(전용 101㎡)도 6억 5,000만 원에 매물이 나오기도 했다.

중계동이 최근 들어 더 강세를 보이는 건 '강남발 재건축 이주대란'이 예고됐기 때문이다. 강남에서 전셋집을 못 찾은 학부모들이 강북으로, 중계동으로 발길을 옮겨오고 있다. 이전에는 강북 창동, 쌍문동, 상계동 등에서 이사 왔다면 이제는 강동, 강남에서 위쪽으로 이주해 온다는 것이다. 이로 인해 중계동은 점점 더 '교육 특구'로 발전해 가는 모습이다.

인근 공인중개업소에 따르면 대부분 강남에서 이사 오는 학부모들은 초등학생 자녀를 둔 부모가 많다. 이들은 강북에서 초등학교, 중학교 등을 보낸 뒤 또 다시 강남으로 이사를 간다는 계획을 갖고 있다고 한다. 무조건 초등학교부터 강남으로 가서 보내야 한다는 인식에 변화가 생기고 있는 것이다.

물론 강북 신흥 학군에 투자할 때는 원칙이 있어야 한다. 강남 재건축처럼 일확천금을 노리기 위해 투자하는 건 금물이다. 강북 집값이 수년 안에 수천만 원 또는 수억 원 오를 가능성은 크지 않기 때문이다.

따라서 투자 목적으로 집을 매입하기보다 실수요 차원에서 거주한 뒤 나중에 손해 보지 않겠다는 전략이 주효할 듯하다. 명문학교를 옆에 두고 있다면 10년이 지나도 그 가치는 떨어지지 않기 때문에 집값이 떨어질 일은 거의 없다. 오히려 일부 차익을 보고 집을 팔 수도 있다. 이것이 강북 투자의 매뉴얼이다.

# 부자들 관심은
# 마포, 용산,
# 위례, 마곡으로 몰린다

마포·용산 교통 접근성 우수

입주 시작한 위례 주목해볼 만

기업 입주 전 마곡 상가 투자

'돈 벌려면 강남을 떠나라?'

대한민국 부자들은 더 이상 강남에 관심을 보이지 않는 것일까. 그들은 교통의 요지 마포, 용산과 미니 신도시급 위례, 마곡을 주목했다. 지난 2015년 3월 대우건설이 합정역 인근에 공급한 마포한강2차 푸르지오 오피스텔 견본주택에도 꽤 많은 투자자들이 왔다 갔다. 분양가가 3.3㎡당 평균 1,365만 원으로 만만치 않았음에도 이들은 향후 가치에 대해 높게 평가했다. 청약 경쟁률도 최고 15.3

**집값 상승 여력 충분한 마포구**

| 구분 | 평균 아파트 매매가 |
|------|------------------|
| 마포구 | 5억 3,364만 원 |
| 강남구 | 10억 388만 원 |

* 자료: 부동산114

대 1로 높았다. 전문가들은 마포한강2차 푸르지오 오피스텔이 분양 대박을 낸 건 안정적 임대수익이 가능할 것이란 기대가 있었기 때문이라고 전한다. 게다가 이곳 오피스텔은 계약자의 18%가 30대였다. 돈 많은 부모들이 자식에게 재산을 물려주기 위한 용도로도 활용되고 있었다.

마포는 광화문, 종로뿐 아니라 여의도와도 가까워 서울 도심으로 출퇴근하는 실수요자들에게 인기가 많은 편이다. 최근 중앙부처 공무원들도 마포 지역으로 많이 모여들고 있다. 국회에 회의가 있는 날에는 여의도로 곧바로 출근하고, 정부세종청사에 갈 때는 서울역을 이용하면 되기 때문이다.

서울 도심의 노른자 땅으로 불리는 용산도 부자들이 예의주시하는 곳이다. 용산은 국제업무지구 개발사업 무산으로 추락하는가 싶더니 어느새 강남 못지않은 인기를 회복했다. 2015년 1월 정부가 주한미군 이전 부지 개발을 앞당기기로 한 게 컸다. 정부 계획에 따르면 유엔사 부지는 일반상업지역으로 개발된다. 국토교통부는 용산공원 복합시설조성지구 중 유엔사 부지 5만 1,753㎡에 대한 조성계획을 승인했다. 유엔사 부지 용도지역은 제3종 일반주거지역에서 일반상업지역(용적률 800% 이하)으로 변경됐다. 앞으로 캠프킴 부지와 수송부 부지도 연이어 개발된다.

용산은 신분당선 용산~강남 구간까지 예정대로 건설될 경우 강남과 강북을 잇는 요지로 부각될 가능성이 높다. 그런 덕분인지 약세를 거듭했던 용산 집값도 최근 회복세다. 부동산114에 따르면 용산구 아파트 평균 매매가는 2014년 9월 말 3.3㎡당 2,219만 원까지 떨어졌다가 2015년 2월 2,230만 원으로 상승했다. 서울 한강로 2가 용산파크e편한세상(전용 84㎡)은 6억 5,000만 원대로 2014년보다 2,000만 원 가량 올랐다.

옛 렉스아파트를 재건축한 래미안이촌첼리투스(전용 124㎡)는 입주를 앞두고 한창 웃돈이 붙고 있다. 부동산 정보업체들은 래미안 이촌 첼리투스 분양권이 약 13억 원에 거래되고 있다고 전한다. 일반분양이 없어 추가 분담금이 5억 4,000만 원에 달하는데도 줄을 섰다는 후문이다. 용산의 달라진 모습이다.

특히 부자들은 수익형 부동산 대표주자인 오피스텔에도 관심을 보인다. 용산 파크타워, 대우 월드마크, 파크자이, 용산 아스테리움 등 고급 주거시설이 밀집해 있어 오피스텔을 찾는 수요가 끊이지 않기 때문이다. 고속철도(KTX), 지하철 1, 4호선을 이용하기가 용이하고, 강변북로가 인접해 있어 도심, 강남 접근도 수월하다. 부유층 눈길을 끄는 분양 물량은 래미안용산SI(782실), 용산푸르지오써밋(650실) 오피스텔이다. 분양가는 각각 3.3㎡당 1,500만 원선, 1,400만 원선이다.

위례신도시에 대한 부자들의 믿음도 변치 않는다. 위례신도시 분양권 프리미엄이 수억 원까지 붙었다가 하락해도 그러려니 한다. 위례신도시의 장기 성장 가능성에 더 무게를 두기 때문이다. 사실 그들이 보기에 위례신도시 웃돈은 너무 짧은 시간에 지나치게 많이 뛰었다. 물량이 적은데 투자자들이 몰리다보니 일정 부분 거품이 낀 것이다.

부자들은 이번 사태가 경기 판교신도시의 경우와 비슷하다고 말한다. 판교신도시는 2006년 분양 당시 최고 2,073대 1의 경쟁률을 기록했다. 평균 분양가(전용 84㎡ 기준)는 3억 7,000만~4억 1,000만 원 선이다. 그런데 3년 뒤 입주할 때 즈음 시세는 7억~8억 원대를 호가했다. 집값이 두 배가량 오른 셈이다. 하지만 기쁨도 잠시. 집값이 최고 1억 원 가량 떨어지면서 호가가 6억~7억 원선에 머물렀다. 당시 일부는 불안감에 못 이겨 집을 팔기도 했다. 그러나 또 다른 일부는 집을 그대로 뒀다. 또 다시 집값이 오를 것이란 믿음이 확고했기 때문이다. 그들의 믿음 때문인지 판교 집값은 1년 만에 원상회복했다.

　판교 백현마을 2단지를 예로 들어보자. 이 단지 가격은 2012년 3월 8억 3,000만 원선에서 거래되다가 1년 뒤 6억 7,000만~6억 9,000만 원까지 떨어졌다. 그러나 최근 백현마을 2단지 집값은 8억 2,000만 원선에 거래된다. 2012년 수준으로 되돌아간 것이다.

　위례신도시는 서울에서 가장 가까운 신도시다. 서울 송파와 경계가 맞닿아 있어 '준강남'으로 불리기도 한다. 위례~신사선이 개통되면 위례신도시에서 강남까지 한 번에 갈 수 있다.

　위례신도시는 최근 입주를 시작했다. 위례신도시 첫 민간 아파트인 위례송파푸르지오가 첫 스타트를 끊었다. 이어 6개 단지, 4,500여 가구가 2015년 위례신도시에 둥지를 튼다.

　입주 초반이라 그런지 아직 완전한 신도시 모습을 갖추진 못 했다. 계획대로 추진됐어야 할 군부대 이전이 늦어지면서 지금도 공사 중인 곳이 상당수다. 경전철 위례~신사선이 개통되려면 2021년까지 앞으로 6년은 더 기다려야 한다.

　그래도 위례신도시에 입주한 사람들은 만족한다는 표정이다. 이미 5,000만~6,000만 원 가량 시세차익을 올렸기 때문이다. 위례송파푸르지오(전용 108㎡)의 경우 분양가보다 6,000만 원 오른 8억 3,000만 원 선에서 시세가 형성돼 있다. 위례신도시 인근 공인중개업소에 따르면 위례자이, 래미안위례처럼 호수 조망이 가능한 단지는 최소 1억 원가량 웃돈이 붙었다.

　서울 강서구 마지막 금싸라기 땅으로 불리는 마곡지구도 부자들의 투자 리스트에서 빠지지 않는다. 마곡지구는 지난 2013년 분양 당시만 해도 1,000여 가구 미분양이 나면서 우려의 시선이 있었지만, 지금은 상황이 180도 달라졌다. 일부 단지는 수억 원 웃돈까지 붙었다.

　2013년 말 분양한 마곡엠밸리 6단지(전용 84㎡)는 4억 2,000만 원에서 최근 6억 2,000만 원까지 올랐다. 5억 원대에 할인 분양 나섰던 전용면적 114㎡도 요즘 7억 2,000만~7억 5,000만 원 선에서 시세가 형성돼 있다. 마곡엠밸리 7단지도 상황은 비슷하다.

　부동산114 자료는 마곡지구의 가격 상승세를 분명하게 보여준다. 이 정보업체에 따르면 서울 강서구 마곡동 아파트 평균 매매가는 3.3㎡당 1,607만 원(2015년 3월 말 기준). 불과 1년 전에 비해 38%가량 뛰었다. 서울시 아파트 매매가가 같은 기간 평균 2.6% 오른 것과 비교해도 큰 차이가 난다.

　오피스텔 투자 열기도 뜨겁다. 2014년 하반기 분양한 오피스텔 마곡힐스테이트에코(496실)는 평균 12.2 대 1의 청약 경쟁률을 보였다. 분양 계약 5일 만에 완판됐다.

　부자들이 마곡지구를 염두에 두는 것은 아파트, 오피스텔 등 주거 시설 때문만이 아니다. 이들은 마곡 지구가 주거기능뿐 아니라 산업·업무단지로 변모하면서 상권이 크게 활성화될 것으로 본다. 상가 투자에 열을 올리는 이유다.

일례로 2014년 10월 분양한 마곡나루역캐슬파크 상가는 1층 점포 분양권에 2,000만~3,000만 원가량 웃돈이 붙었다. 마곡나루역 보타닉푸르지오시티도 1,000만 원가량 프리미엄이 더해졌다.

상업용지 비율이 전체 면적의 2.18%로 높지 않은 것도 투자 가치를 더하는 요인이다. 상주인구 대비 초과공급 우려가 덜 하다는 의미로 해석되기 때문. 반면 광교신도시, 동탄신도시에선 상업용지가 전체 면적의 3% 이상을 차지한다.

마곡지구에 거품이 있다는 지적도 있지만 전문가들은 지금 투자해도 늦지 않다는 의견을 낸다. 여전히 가격 경쟁력이 있다는 것이다. 서울시 평균 아파트 매매가(3.3㎡당 1,667만 원)와 비교해 마곡지구 매매가(1,607만 원)가 높지 않기 때문이다. 앞으로 LG그룹, 코오롱 등 기업들이 입주하면서 수요가 늘어나는 것도 호재로 본다. 다만 기업들의 입주 시점은 2017년경이다. 그 이전에는 공실 때문에 수익률이 기대만큼 나오지 않을 수 있다. 지금 시점에 투자를 하면 가격이 더 오르기 전에 사둘 수 있다는 장점은 있지만 공실 우려에서 벗어날 수 없다는 한계도 있다. 투자자는 이 점을 명심해야 한다.

PART

03

# 부동산 수익률
# 1% 더 올리는
# 방법

# 빌라·오피스텔·오피스
# 3총사 주목

푸대접 받던 빌라, 7% 수익 황금알 변신

오피스텔 가격, 3년 만에 반등 성공

최대 8% 수익률에 섹션 오피스 인기

　너도나도 20평대 이하 소형 아파트를 찾는다. 전용면적 59㎡(24
평) 이하 아파트라면 묻지도 않고 계약하는 시대다. 이 때문에 소
형 아파트 품귀 현상이 나타날 정도다. 건설사들도 소형 아파트 수
요 급증에 맞춤형 공급을 하고 있다. 가능한 한 59㎡ 면적의 아파
트 위주로 분양에 나서는 것이다. 한때 40~50평대 아파트가 인기
를 끌던 시절은 옛말이 됐다.

　그러나 소형 아파트만 고집해서는 자칫 수익률 올리는 데 실패

할 수 있다. 최근 소형 아파트가 상종가를 올리면서 분양가, 매매가 모두 천정부지로 올랐기 때문이다.

이미 서울 일부 지역에선 전용 85㎡ 이하 아파트의 3.3㎡당 매매 가격이 중대형을 추월했다. 동작, 서초, 금천, 성북 등 주요 자치구에서 역전 현상이 뚜렷하게 나타났다. 동대문구의 경우 전용 85㎡ 이하 아파트 매매가는 3.3㎡당 1,292만 원으로 85㎡ 초과 아파트(1,154만 원)에 비해 138만 원 높았다. 지금은 중대형 아파트보다 소형 아파트 인기가 높다고 하지만 또 언제 뒤바뀔지 모른다. 실거주 접근이 아니라면 투자를 지양해야 한다는 우려의 목소리도 나오는 이유다.

여윳돈이 있는 사람들이 누구나 소형 아파트를 찾을 때 나만의 틈새 전략을 펼치는 것도 필요하다. 아파트 대신 꼬마주택 빌라(다세대·연립주택)에 눈을 돌려보는 건 어떨까. 빌라의 투자 대비 수익률이 꽤 쏠쏠한 덕분이다.

서울에 거주하는 김보정 씨(49)는 관악구 남현동에 위치한 빌라를 매입했다. 당시 매입가는 3억 원. 보증금 1억 5,000만 원에 월세 60만 원을 받고 세를 줄 참이라 필요한 돈은 1억 5,000만 원에 불과했다. 이 중 1억 원은 은행 대출로 충당했다. 김 씨는 5,000만 원을 가지고 빌라 투자에 성공한 것이다. 금리가 낮아 대출 이자는 월

**쑥쑥 늘어나는 전국 다세대·연립주택 매매건수**  (단위: 호)

| 연도 | 다세대 | 연립주택 |
|---|---|---|
| 2013년 | 6,134 | 1,599 |
| 2014년 | 9,109 | 2,366 |
| 2015년 | 9,458 | 2,541 |

\* 2015년 2월 기준
자료: 국토교통부

30만 원 가량으로 많지 않았다. 이자를 내고도 매월 30만 원이 통장에 찍혔다. 수익률이 7%를 훌쩍 뛰어넘는다. 금리 1% 시대의 새로운 부동산 투자법이다.

빌라는 지금껏 제 가치를 인정받지 못했다. 아파트 위주의 한국 사회에서 빌라는 아무리 입지가 좋고 주차장 완비에 내부 인테리어를 잘 해놔도 평가절하됐다. 그러나 최근 푸대접을 받아온 빌라가 보물이 됐다. 전세살이에 지친 실수요자들의 발길이 끊이지 않고, 소액 투자자들도 눈독을 들인다.

빌라의 매매거래량을 살펴보자. 지난 2015년 3월 수도권 빌라 거래량은 1만 2,839건으로 나타났다(국토교통부 자료). 전월 대비 74.9% 늘었다. 이사철인 걸 감안한다 해도 큰 폭의 증가세다. 같

**서울 주택유형별 평균 매매가**　　　　　　　　　　　　(단위: 원)

| 지역 | 아파트 | 연립주택 |
|---|---|---|
| 서울 전체 | 4억 9,700만 | 2억 3,344만 |
| 강북 14개 구 | 3억 8,845만 | 2억 1,222만 |
| 강남 11개 구 | 5억 8,808만 | 2억 5,563만 |

* 자료: 2015년 3월 KB주택가격동향

은 기간 아파트와 단독 다가구 주택을 포함한 전체 주택 거래량은 55.3% 증가에 그쳤다.

　서울시만 한정해도 증가세는 뚜렷하다. 서울부동산정보광장에 따르면 2015년 3월 빌라 거래량은 총 5,426건에 달했다. 2014년 같은 기간보다 44% 늘었다. 3월 한 달만 놓고 보면 지난 2008년 이후 7년 만에 거래량이 가장 많았다.

　거래량이 많아지면서 가격도 오름세다. 현재 서울 지역 빌라의 평균 매매가격은 2억 3,344만 원 선이다. 빌라 가격은 2014년 8월 이후 상승세를 계속 이어가고 있다. 그래도 아직까지 빌라의 ㎡당 평균 매매가격은 아파트 전셋값보다 저렴하다.

서울 지역 전셋값은 ㎡당 402만 7,000원으로 400만 원을 넘어선 데 반해, 빌라의 ㎡당 평균 매매가는 356만 2,000원이다(KB국민은행). 빌라의 가장 큰 장점은 관리비가 싸다는 점이다. 신축 아파트(전용 59㎡)의 경우 10만~15만 원(난방비 제외)의 관리비가 예상되지만 동일 면적대의 빌라는 3만~4만 원만 부담하면 된다. 빌라를 꺼려했던 실수요자들도 실제 빌라에 살아보면 생각이 달라지는 가장 결정적인 배경이다.

이 때문인지 최근 빌라 착공건수도 늘고 있다. 지난 2015년 1~2월 착공한 빌라 수는 총 1만 3,842채. 2014년 같은 기간보다 28% 늘었다.

2015년 3월까지 서울에서 빌라 거래량이 가장 많은 지역은 단연 은평구다. 빌라가 오밀조밀 모여 있는 은평구에서는 지난 2015년 1분기 1,136건의 빌라가 거래됐다. 그 다음이 강서구다. 화곡동, 내발산동, 등촌동 등 전통적으로 빌라가 많이 밀집돼 있는 곳에서도 930건의 거래가 이뤄졌다. 그리고 송파구(632건), 강동구(612건), 마포구(607건) 등이 뒤를 따른다.

저금리 시대 오피스텔 투자도 다시 각광을 받고 있다. 1%대 저금리 시대 투자처를 찾는 자금들이 오피스텔 등 수익형 부동산 쪽으로 흘러들어오고 있기 때문이다. 지난 2015년 1분기 오피스텔 매매가는 3년 만에 다시 반등세로 돌아섰다. 부동산114에 따르면

2015년 1분기 오피스텔 매매가는 2014년 4분기 대비 0.12% 상승했다. 전기 대비 오름세는 2012년 1분기 이후 처음이다. 특히 서울, 경기 지역 상승세가 뚜렷했다.

오피스텔 전세가격은 0.48% 올랐다. 오피스텔 전세가 품귀 현상이라 더더욱 상승세가 가팔랐다. 월세가격도 상승세(+0.07%)로 돌아섰다. 월세가격은 2014년 2분기 이후 1년 만에 올랐다. 월세가격이 오르면서 오피스텔 임대수익률도 연 5%대를 기록했다. 한창 전성기 때와 비교하면 수익률이 약간 떨어진 감은 있지만 여전히 은행 정기예금 금리를 두 배가량 웃돈다.

전문가들은 오피스텔 투자 심리가 회복되고, 중개보수 부담이 줄어들면서 다시 인기를 끌고 있다고 분석한다. 공급 과잉 문제도 서서히 해소되고 있다. 2015년 오피스텔 공급 물량은 2만 196가구로 2014년의 절반 수준에 그친다.

이런 분위기를 틈타 공급에 나선 건설사들도 함박웃음이다. 최근 GS건설이 서울 종로구 교남동에서 분양한 경희궁자이 오피스텔 67실 모집에 1,297명이 몰려들었다. 평균 경쟁률은 19대 1로 성황리에 분양을 끝마쳤다. 대우건설이 서울 마포구 합정동에서 공 ᆢᆫ ᄑ한강2차푸르지오 오피스텔 448실도 높은 청약률(평균 ᆢ다.

ᆢ 오피스텔도 등장했다. 서울 왕십리 뉴타

운3구역에서 공급한 왕십리센트라스 오피스텔이 대표적이다. 그러나 높은 분양가에도 불구, 계약은 조기에 마감됐다. 월세가 트렌드로 자리 잡으면서 월세로 수익을 내려는 투자자들이 한꺼번에 몰려온 덕분이다. 은행 PB들은 수익률 5%대를 보장하는 상품이라면 선뜻 지갑을 열 투자자들이 줄을 서 있다고 말한다.

최근에는 소형 오피스 투자도 인기를 끌고 있다. 과거 오피스는 통째로 매입하거나 공동으로 투자했지만 요즘에는 사무실을 일부 쪼개서 개인에게 분양하기도 한다. 이른바 '섹션 오피스'다.

요즘 섹션 오피스 분양이 가장 활발한 곳은 단연 서울 마곡지구다. 마곡센트럴타워, 퀸즈파크나인 등이 사무실을 쪼개 분양에 나섰다. 대기업 계열사들이 대거 입주 예정이라 이를 뒷받침하는 수요는 지속적으로 이어질 것이라는 게 분양 관계자들의 전언이다.

마곡센트럴타워 분양가는 3.3㎡당 평균 800만 원. 오피스 면적에 따라 1억 8,000만~3억 5,000만 원 선이다. 퀸즈파크나인은 전용 39~106㎡ 총 290실로 분양가는 2억 1,900만~5억 2,000만 원 선이다. 3개 동 중 1개 동의 1개 층이 통째로 팔리는 대형 계약이 성사되기도 했다.

섹션 오피스가 인기를 끄는 요인은 무엇보다 입주업종에 제한이 없기 때문이다. 비슷한 유형의 지식산업센터(아파트형 공장)는 IT,

BT 등 특정 업종만 입주가 허용되나 섹션 오피스에는 어떤 업종도 허용된다. 개인 투자자가 임대수익을 올릴 목적으로 투자가 가능하다는 점도 섹션 오피스의 장점으로 꼽힌다. 1개 층 1개 구획을 매입한 뒤 사무실을 임대하거나 다른 오피스 소유자들과 연합해 대규모 사무실이 필요한 기업, 금융회사 등에 임대를 한다. 다른 소유자들과 함께 임대할 경우 장기 임대가 가능하다는 장점이 있지만 환금성은 떨어질 수 있다. 기존 섹션 오피스는 연 6~8%의 임대수익률을 올리는 것으로 알려졌다.

50~60대 퇴직자들이 퇴직금을 안정적으로 굴릴 수 있는 곳으로 이만한 상품이 또 있을까. 다만 교통 접근성이 뒤처지거나 공급 과잉이 예상되는 지역은 가급적 투자 리스트에서 배제해야 한다. 공실이 장기간 발생할 경우 수익률이 떨어질 뿐 아니라 추후 매각할 때도 골치가 아플 수 있다.

# 거주하며 임대수익 올리는 점포겸용 단독주택지를 주목하라

점포겸용 단독주택용지 경쟁률 치열

고급주택지는 실수요 차원 접근해야

용인 집값 반등에 단독주택 분양 인기

　　요즘 부동산 투자자 사이에서 소위 '로또'로 불리는 상품이 있다. 바로 점포겸용 단독주택용지다. 2015년 4월 강원도 원주기업도시가 단독주택용지 85필지 접수를 받은 결과 약 11만 8,000여 건이 접수됐다. 평균 경쟁률은 1,390대 1이다. 인기가 많은 필지의 경우 6,200대 1의 경쟁률을 보이기도 했다. 2014년 평균 경쟁률 245대 1보다 훨씬 높은 수치다. 산업용지 준공이 코앞으로 다가오고, 2018년 평창동계올림픽 개최도 얼마 남지 않은 게 호재로 작용했다는 분석이다.

단독주택용지 인기는 비단 원주에 국한되지 않는다. 전국적으로 단독주택용지 투자 열풍이 이어지고 있다. 대구 테크노폴리스 단지 내 점포겸용 단독주택용지도 평균 경쟁률 1,562대 1로 치열한 경쟁이 벌어졌다. 한국토지주택공사(LH)가 경기 의정부 민락2지구에 선보인 점포겸용 단독주택용지도 최고 1,352대 1, 평균 307대 1의 경쟁률을 보이며 인기를 이어갔다.

경기도 남양주 별내·진접, 양주 옥정 등 수도권 외곽도 점포겸용 단독주택부지 투자 열기가 뜨겁다. 새로 신도시가 조성되면서 투자가치가 크게 올랐기 때문이다. 특히 양주 옥정지구는 서울 접근성이 상대적으로 떨어진다는 아킬레스건이 있었지만 막상 뚜껑을 열어보니 총 4,024명의 투자자가 몰렸다. 2014년 위례신도시, 하남 미사강변도시에서 점포겸용 단독주택용지를 공급했을 때도 인산인해를 이뤘다. 점포겸용 단독주택용지가 각광받는 이유는 저금리 기조가 계속되는 가운데 상대적으로 높은 임대수익을 올릴 수 있다는 믿음 때문이다.

단독주택지 인기는 점포겸용이 아닌 곳에서도 드러난다. LH가 제주 삼화지구에 공급한 단독주택 용지 평균 경쟁률은 2,637대 1을 기록했다. 8개 필지에 무려 2만 1,103명이 몰렸다. 특히 제주시

## 주요 단독주택지 청약경쟁률

| 지역 | 최고 경쟁률 | 평균 경쟁률 |
|---|---|---|
| 위례 | 2,746대 1 | 390대 1 |
| 하남 미사 | 2,674대 1 | 146대 1 |
| 시흥 목감 | 570대 1 | 72대 1 |
| 남양주 별내 | 291대 1 | 110대 1 |

* 자료: 한국토지주택공사

도련일동 1970의 4 필지는 5,142대 1의 경쟁률을 보였다. LH가 토지 분양을 한 이래로 가장 높은 경쟁률이다.

최근 경기 회복 바람을 타고 투자자들이 토지 투자에 적극 나서는 모습이다. 2015년 3월 말 LH가 신도시주택용지 투자설명회를 연다고 하자 무려 1,800여 명이 넘는 인파가 몰렸다. LH가 개인에게 분양하는 주택용지(상가주택, 단독주택)는 입지가 뛰어나고 공급량이 많지 않다. 일반 토지에 비해 분양가도 저렴해 낮은 가격에 매입이 가능하다. 향후 임대를 통한 수익 창출은 물론 지가 상승에 따른 시세차익까지 기대할 수 있다.

서판교 단독주택지는 대기업 CEO들이 대거 몰려 살면서 어느새

## 단독주택용지 판매실적

(단위: 억 원)

| 구분 | 2013년 | 2014년 |
|------|--------|--------|
| 점포겸용 | 3,625 | 7,032 |
| 주거전용 | 3,167 | 3,354 |

* 자료: 한국토지주택공사

고급주택지로 자리매김했다. 서판교 운중동, 판교동에선 서울 어느 지역에서도 찾기 어려운 이국적인 주택을 심심치 않게 발견할 수 있다. 서판교 단독주택 평균 시세는 3.3㎡당 1,400만~1,500만 원, 최대 2,000만 원 수준이다. 지난 2006년 분양 당시만 해도 큰 관심을 끌지 못했지만 일부 재벌가와 유명인이 입주하면서 유명세를 타기 시작했다. 최초 분양가는 3.3㎡당 700만~800만 원 수준이었다. 2배가량 오른 셈이다.

서판교 단독주택은 주거 중심적인 성격이 강하다. 필지 당 대지 면적이 70~80평가량으로 대형 주택 건립은 어렵지만 고급 주택지가 모여 있다는 점이 장점으로 꼽힌다. 서판교에 투자할 때는 철저히 실수요 차원에서 접근하는 게 좋다. 토지 가격이 오르지 않으면 건축 비용은 거의 인정받지 못해 최초 투자금액을 보전 받지 못할 수 있기 때문이다. 일례로 토지 분양 가격이 10억 원, 건축 비용이 3억 원 소요됐다면 대출에 따른 금융비용, 각종 세금을 감안해 최소 15억 원에는 매각해야 하지만 현실적으로 쉽지 않다.

반면 최근 인기를 끄는 위례신도시는 점포겸용 단독주택용지가 대부분이라 초기 입주할 경우 상권을 선점할 수 있다는 게 장점이다. 전문가들은 대지면적 70평을 기준으로 건축 인허가, 건축 비용, 세금 등을 감안할 때 실제 비용은 대략 4억 5,000만~5억 원이 예상된다고 한다. 매월 800만 원 이상 임대수익이 발생한다면 연간 6% 임대 수익률을 기대할 수 있다(세전 기준). 관리 비용은 규모가 작을수록 더 늘어난다는 점은 염두에 둬야 한다.

경기도 용인 단독주택단지는 자연과 생활 인프라를 겸비해 전원생활을 즐기려는 은퇴자들이 많이 찾는 곳이다. 30~40대 전문직 종사자들도 드문드문 보인다. 최근 용인 집값이 반등세로 돌아서면서 단독주택지 분양도 한창이다. 용인 흥덕 사업지구 일대에 공급하는 용인 흥덕지구 트리플힐스는 대지면적 약 6만 2,990㎡ 부지에 5개 단지 약 210필지로 구성됐다. 1단지는 완판됐고, 2단지가 선착순 분양 중이다. 2단지 공급면적은 275~390㎡ 40여 필지다. 분양가는 3억 원 후반 대부터 시작한다.

대규모 고급 타운하우스 무덤으로 전락했던 용인 죽전지구도 최근 단독주택 단지로 개발 중이다. 값비싼 연립형 타운하우스 대신 합리적 가격의 단독주택을 세우기로 한 것이다.

다만 단독주택지는 선호 지역과 비 선호 지역이 명확히 갈린다는 점에 유의해야 한다. 인기 지역은 수천대 1의 경쟁률을 보이지만, 비인기 지역은 미달 사태를 맞기도 한다. 특히 비인기 지역의 주거전용 단독주택용지는 투자자들이 외면하는 곳이다. 그곳이 서울 시내에 있더라도 예외는 없다.

서울 은평 뉴타운 단독주택용지는 서울 시내 몇 안 되는 신규 분양 토지였지만, 2014년 5월 분양 공고 이후 절반밖에 판매되지 않았다. 101필지 중 50필지 이상은 주인을 기다리고 있다. 위례신도시도 마찬가지다. 아직까지 주거전용 단독주택용지는 미분양에 골머리를 썩고 있다. 파주 통일동산의 단독주택용지는 말할 것도 없다.

주거전용 단독주택용지가 외면 받는 이유는 한 가지다. 점포겸용 단독주택용지는 1층에 상가를 내 임대수익을 올릴 수 있는데, 주거전용 단독주택용지는 그럴 수 없다는 점 때문이다. 게다가 주거전용 단독주택용지는 임대가 쉽지 않고 환금성이 낮다. 실거주 차원이 아니라면 투자자들이 군이 투자할 이유를 못 찾는 셈이다.

물론 점포겸용 단독주택용지라고 해서 묻지마 투자에 나설 일은 아니다. 상권이 갖춰져 있지 않거나 상주인구가 정체돼 있다면 투자 가치가 떨어질 수밖에 없다. 점포 공실이 날 경우 오히려 손해를 볼 수 있다.

2015년 LH가 공급 예정인 점포겸용 단독주택용지는 인천 영종지구가 유일하다. 그만큼 경쟁률이 치열할 것으로 예상된다.

단독주택용지를 분양받으려면 어떻게 해야 할까. 먼저 LH 홈페이지에 들어가 단독주택·상가주택 용지 청약공고를 확인할 필요가 있다. 주택 용지 연간 공급계획을 살펴보면 공급 예정지구와 공급 필지 수가 구체적으로 나온다. 공급필지의 위치를 고려해보고 현장에 다녀와야 한다. 현장에 답이 있다.

그 필지가 상가를 지을 수 있는 점포겸용 부지인지 알아둬야 한다. 제대로 따지지 않고 투자했다가 나중에 점포겸용이 아닌 주거전용 단독주택용지로 밝혀질 경우 낭패를 입을 수 있기 때문이다.

점포겸용 단독주택용지는 일반 주택에 비해 도로변에 인접해 있을 가능성이 높다. 그러나 대중교통 접근성이 좋은지, 조망은 좋은지 살펴야 한다. 입지는 나중에 환금성과 직접적인 관련이 있다.

충분한 주변 시장조사도 필수다. 건축 이전에 임대 콘셉트를 결정하고 임대 대상을 파악해야 한다. 분양에 앞서 어떤 업종이 적합할지, 예상 수요는 얼마나 있을지 꼼꼼하게 따져봐야 한다. 공실 위험을 줄일 수 있는 밑작업이다.

분양가격이 지나치게 높다면 이 또한 신중하게 고려해야 한다.

단독주택용지는 한 번 매입하면 매각까지 수 년이 걸릴 수 있다. 전문가들은 가격, 입지 등을 잘 따져본 뒤 결정하고 무리한 대출을 일으켜 투자하는 건 금물이라고 하나같이 말한다.

# 수익형 부동산,
# 광고에 혹했다가 혹 붙인다

오피스텔 과잉공급에 수익률 하락

회사가 보장한다? 파산하면 끝!

호텔 운영업체 따라 수익 천차만별

 

 

얼마 전 대기업에서 정년퇴직한 김 씨는 퇴직금을 가지고 투자처를 찾고 있었다. 그러던 중에 지하철에서 우연히 분양형 호텔 분양 광고를 접했다. '1억 원에 호텔 객실 3개를 분양받아 월 250만 원의 수익을 올릴 수 있다'는 내용이었다. 김 씨가 투자 수익률을 계산해보니 30%에 달했다. 게다가 실제 투자금은 5,000만 원에 불과했다. 나머지 대금은 대출로 충당하는 구조였다.

마땅히 돈 굴릴 곳을 못 찾아 헤매던 김 씨로서는 '혹'할 수밖에 없었다. 당장 전화를 걸어 이것저것 물었다. 객실 하나당 분양가는 1억 원이 넘었다. 1억 원으로 3개는커녕 1개도 분양받기 어려웠다. 광고 내용이 실제와 달라 투자로 이어지진 않았지만, 자칫 낭패를 볼 수 있는 상황이었다.

최근 수익형 부동산으로 돈이 몰리면서 과장 광고 또한 판치고 있다. '초기 2년 연 10% 수익률 보장', '5년 임대 보장' 등 수익률을 뻥튀기하거나 사실과 다른 광고를 내보내 소비자를 현혹시킨다.

2015년 들어 시중에 돌아다니는 부동자금이 사상 최대치를 기록하자 한몫 해보려는 업자들이 과장 광고로 소비자를 기만하고 있는 것이다. 그러나 이들이 주장하는 수익률은 눈속임에 불과하다. 각종 세금과 거래에 따른 부대비용 등을 하나도 감안하지 않고 세전 기준으로 수익률을 단순 계산해 보여준다. 투자자 입장에서는 전혀 도움 되지 않는 정보다.

우선 수익형 부동산 대표 상품인 오피스텔에 투자할 때 신중한 접근이 요구된다. 오피스텔 매매가가 상승하고, 일부 지역에선 과열 양상도 보이지만 오피스텔 전체 시장이 완전히 살아났다고 보긴 어렵다.

최근 부동산 정보업체에서는 오피스텔 임대수익률이 오히려 예년에 비해 하락했다는 자료를 내기도 했다. 부동산114에 따르면 전국 오피스텔 임대수익률(2015년 1분기)은 전년 동기 대비 0.08% 하락한 5.78%에 그쳤다. 공급 과잉에 따른 공실 증가로 수익률이 떨어진 것이다.

오피스텔에 투자할 때는 명목 수익률과 실질 수익률을 구분할 줄 알아야 한다. 명목 임대수익률은 5% 이상 나온다 해도 공실, 불량부채 충당금 등을 제외한 실질수익률은 이에 못 미치는 경우가 많다. 업계에 따르면 평균 1% 이상 수익률이 낮아진다고 한다. 각종 제반비용은 물론 공실률, 연체율 등을 고려하지 않은 명목 수익률만 놓고 투자해서는 곤란하다는 점을 다시 한 번 상기시켜주는 대목이다.

전문가들은 "오피스텔은 시세차익보다 임대수익이 주 수익원인데, 임차 계약이 끝나 새로 임차인을 구할 때까지 장기간 공실로 남아 있을 가능성이 높다"며 "가급적 배후수요가 확실한 지역에 투자할 것"을 권한다.

오피스텔 투자 시 또 하나 주의할 점은 공급 과잉 위험과 감가상각이다. 오피스텔은 인허가 과정이 복잡하지 않아 단기간에 공급량이 늘어날 수 있다. 오피스텔 주변에 또 다른 오피스텔이 자꾸 생겨나면 공급 과잉에 따른 공실뿐 아니라 임대료 하락 원인이 될 수 있다. 또 시설 면에서 신규 오피스텔에 뒤처지며 경쟁력을 잃을 가능성도 높다.

인기가 높은 복층구조 오피스텔을 분양받을 때도 주의를 요한다. 건축법 위반 논란에 휩싸일 수 있기 때문이다. 최근 일부 복층 오피스텔이 건축법 위반 혐의로 문제가 되면서 원상복구 명령을 받기도 했다. 수분양자 입장에서는 원상복구 비용을 떠안을 수밖에 없다. 이것 외에도 역세권에 속했는지, 역과의 거리는 얼마나 떨어져 있는지 접근성 측면에서 살펴보는 것도 필요하다.

상가에 투자할 때도 기대수익률 수치를 그대로 믿어서는 안 된다. 그게 정부가 발표한 수치라도 그렇다. 국토교통부는 매월 상가 수익률을 공개하는데, 1층 임대료 기준으로 작성된다. 1층은 입지가 나쁘지 않으면 대개 공실이 나지 않는다. 따라서 투자 수익률이 높게 나올 수밖에 없다. 그런데 만약 공실률이 높고 임대료가 저렴한 2층 이상을 포함한다면 수익률은 크게 떨어지게 된다. 이 같은 통계상 착시 효과를 감안하지 않고 1층 수익률에 현혹돼서는 안 된다.

정부 지표도 이런데 업체들의 광고 전단지는 오죽할까. '착한 분양가', '수익률 보장' 등 검증되지 않은 문구는 무시하는 게 현명하다. 시행사가 책임진다고 해도 이를 곧이곧대로 믿어선 곤란하다. 수익형 부동산을 판매하는 대부분 업체는 영세하기 짝이 없다. 대기업 계열사도 하루아침에 부도나는 판에 중소업체의 앞날은 더

불확실하다. 시행사가
건물 준공 후 관리회사
에 운영권을 넘겨주고
청산해 버리면 투자자
들의 투자금 회수는 영
영 불가능할 수도 있다.

수익형 부동산 중에
서도 요즘 인기라는 분

**공급 늘어나는 분양형 호텔**  (단위: 실)

| 연도 | 객실 수 |
|------|---------|
| 2011년 | 252 |
| 2012년 | 143 |
| 2013년 | 2,914 |
| 2014년 | 5,000(추정) |

양형 호텔은 특히나 주의를 요한다. 최근 몇 년 새 분양형 호텔이
우후죽순처럼 늘어나고 있다. 중국인 관광객이 몰려오는 제주 지
역에서는 개발 중인 분양형 호텔이 18곳에 달한다. 2016년까지
5,000실이 한 번에 들어설 것으로 전망된다.

호텔 객실을 쪼개 개인에게 분양하는 분양형 호텔은 수익형 부
동산 시장의 틈새 상품으로 각광받아 왔지만 그만큼 위험이 크다.
일단 분양형 호텔에 투자할 때는 이 상품 구조에 대해 정확히 알고
접근하는 게 좋다. 분양형 호텔은 시행사가 호텔을 개발하기에 앞
서 일반 투자자를 모으는 식이다. 객실 분양으로 자금을 마련한 뒤
공사를 하고 나중에 호텔 운영 수익을 배분하겠다는 것이다.

지난 2012년 생활숙박업이 합법화되고, 호텔 객실을 오피스텔
처럼 쪼개 분양하는 게 가능해지면서 급속도로 상품화가 됐다. 비

교적 적은 투자금으로 호텔을 분양받을 수 있다는 장점이 있지만 임대 수요가 뒷받침되지 않을 경우 수익률은 크게 떨어질 수 있다. 수익률을 몇 년간 보장했기 때문에 안심해도 된다고 반문할 수 있지만 이 또한 분양가에 전가돼 있는 경우가 많다. 취득세, 등기 비용 등 투자자 부담 비용도 만만치 않다.

향후 매각할 때 제값을 받을 수 있을지도 의문이다. 일반 호텔은 주기적으로 리모델링을 통해 내부 인테리어를 바꿔주지만 분양형 호텔은 모든 게 투자자들의 비용으로 인식되면서 리모델링 자체가 어렵다. 많은 사람들이 들락거리는 호텔 특성상 몇 년만 지나도 금세 노후화된다는 점을 감안하면 수익률은 점점 떨어질 수밖에 없다.

분양형 호텔에 투자할 때는 인근 지역에 또 다른 분양형 호텔이 들어설 계획이 있는지, 평균 숙박 점유율은 얼마가 될지, 주변에 학교·도로 등 인프라 시설이 갖춰질지 등을 따져야 한다. 확정수익률을 보장하는 계약서를 쓴다 해서 안심할 수 없다. 시행사나 위탁업체가 약속을 지키지 않으면 소송을 통해 받아내야 하는데, 승소하기까지 드는 시간과 비용 등도 무시할 수 없다. 특히 분양형 호텔은 운영업체가 누구냐에 따라 수익률이 달라진다. 유명 호텔 체인 브랜드를 빌려오는 경우도 많은데 이 경우 브랜드 사용료 때문에 수익률이 떨어지기도 한다.

마지막으로 호텔 등기 방식이 지분등기인지 구분등기인지 확인해야 한다. 구분등기의 경우 투자자가 객실 소유권을 아파트처럼 사고 팔 수 있다. 반면 지분등기는 분양받은 호텔의 구체적인 객실 호수는 정해져 있지 않은 채 '200분의 1'과 같은 형태의 지분만 인정받게 된다. 호텔 공동 소유 자격은 있지만 별도의 객실 매각은 불가능하다.

일부 분양형 호텔은 지분등기를 '개별등기' 등으로 표기하며 투자자들에 혼선을 주는 경우도 있다. 하지만 전문가들은 "개별등기는 정확한 법률 용어가 아니며, 일단 개별등기라고 표기했으면 의심해봐야 한다"고 주장한다.

분양 업체가 불법유사수신행위 업체인지도 따져봐야 한다. 금융결제원에 따르면 불법유사수신행위가 의심되는 업체는 2014년 무려 100곳이 넘었다. 지하철 등에서 쉽게 발견되는 전단지 광고만 보고 전화를 걸었다가는 된통 당할 수 있다.

# 월세로 돈 버는 건 하수, 고수들은 꼬마빌딩 사냥 중

저금리에 대출 활용한 빌딩 투자 늘어

개발호재 많은 강남 삼성동 일대 주목

노후 빌딩 리모델링 최소한에 그쳐야

    시중은행 PB로 활동하는 이 씨는 신혼 때부터 내집마련에 관심이 없었다. 연봉이 적지 않은데도 아파트 대신 다세대 주택을 택했다. 그것도 전세살이. 두 자녀를 생각하면 주거 환경이 좋은 아파트로 이사 갈 법도 한데 고집을 피운다. 이 씨는 "무리하게 대출 일으켜 집을 왜 사나. 은행에 이자 갚느라 평생 돈 못 모은다. 그 돈으로 발품 팔아 부동산 투자하면 꽤 쏠쏠한 시세차익을 올릴 수 있다"고 귀띔한다.

부동산 투자자에도 급수가 있다. 임대수익을 목적으로 수익형 부동산에 투자하는 사람을 하수(下手)라 한다. 시세차익을 노리고 위험을 감수하며 공격적으로 투자하는 이가 있다면 그는 고수(高手)다.

고수들은 좀 더 발품팔고 공부하면 시세차익을 올릴 수 있는데 일반 투자자들이 너무 단기 임대수익에만 매달리는 탓에 그 이상의 큰돈을 벌지 못한다고 말한다. 특히 오피스텔을 분양 받아 임대하는 투자 형태에 대해 고개를 갸우뚱한다. 2억 원 가까운 돈이면 경매로 나온 다세대 주택을 매입한 뒤 되팔아 수천만 원 벌 수 있을 거라며 일반인들은 그렇게 하지 못하는 걸 안타까워한다.

고수들은 어느 정도 여윳돈이 있으면 오피스텔 몇 채 구입해 임대 주는 것보다 꼬마빌딩에 관심을 가지라고 권한다. 역세권에서 크게 벗어나지 않은 꼬마빌딩은 연식이 오래 돼도 투자 가치가 떨어지지 않기 때문이다. 업종 변경만 잘하면 나중에 더 높은 금액으로 되팔 수도 있다.

이미 꼬마빌딩으로 재미를 본 고수들의 사례를 살펴보자. 이들은 서울 도심의 중소형 빌딩을 구입해 자산을 불리는 중이다.

한 자산가는 서울 마포구에 있는 지상 4층짜리 빌딩을 최근 구입했다. 연면적 500㎡ 규모의 건물로 30억 원에 매물로 나왔는데, PB

소개를 받아 투자했다. 실투자금은 10억 원 중반 대다. 나머지는 보증금과 대출금으로 충당했다. 월수입은 매월 600만 원 가량이니 이자를 갚고도 연 5%대 수익률을 올릴 수 있다. 입지가 좋아 빌딩 시세도 계속 오름세다.

또 다른 자산가는 지난 2013년 서울 강남 역삼동의 이면도로에 있는 지상 5층짜리 상가빌딩을 매입했다. 50억 원의 거금을 투자한 그는 가장 먼저 업종 변경부터 했다. 기존 삼겹살집을 내보내고 프랜차이즈 커피 전문점으로 바꿨다. 그랬더니 주변 직장인들의 명소로 탈바꿈했다. 2014년 말 임대료를 올린 그는 조만간 빌딩을 되판다는 계획이다. 수 억 원의 웃돈이 붙은 지금이 절호의 매각 시점이라는 것. 그는 "매월 따박따박 월세 받는 재미도 크지만 시세차익 올리는 법에 눈을 뜨면 또 다른 세상이 보일 것"이라고 자랑한다.

부동산업계에서 중소형 빌딩은 대개 300억 원 미만의 건물을 말한다. 이중에서도 꼬마빌딩은 매매가 30억~50억 원으로 크기가 좀 작다. 그러나 입지 좋은 곳의 꼬마빌딩은 도심 중소형 빌딩 이상의 가치를 가진다는 게 전문가들 설명이다.

꼬마빌딩은 매달 고정적인 임대수익은 기본, 짭짤한 시세차익도 기대할 수 있어 은퇴를 앞뒀거나 은퇴를 한 투자자들에게 적합한 상품이다. 1~2층은 상가로 활용하고, 3~5층은 사무실로 임대를 놓으면 공실을 줄이고 임대료를 높게 받을 수 있다.

대출 이자가 점점 내려가면서 금융 레버리지를 활용한 빌딩 구입이 점점 늘고 있다. 리얼티코리아에 따르면 지난 2015년 1분기 중소형 빌딩 거래량은 246건이다. 부동산 업계가 빌딩 실거래 통계를 내기 시작한 2012년 이후 분기별 사상 최고치다. 2014년 같은 기간 빌딩 거래는 175건에 불과했다. 1년 만에 40.6% 늘어난 것이다.

거래금액도 1조 3,300억 원으로 크게 불었다. 3년 만에 처음 분기 기준 1조 원을 달성했다. 2014년 1분기와 비교하면 무려 72.7% 급증했다.

중소형 빌딩 투자자의 4분의 3가량은 개인이다. 그리고 50대가 가장 많다. 베이비부머 세대들이 노후 보장을 위해 중소형 빌딩 투자에 관심이 많은 까닭이다. 이들은 주로 50억 원대 안팎의 빌딩을 사고판다. 얼마 전 강남 역삼동 차병원사거리 이면에 위치한 5층짜리 중소형 빌딩은 한 자산가에게 49억 원에 팔렸다.

특히 서울 강남지역에 위치한 중소형 빌딩 인기가 하늘을 찌른다. 알코리아에셋이 지난 2015년 1분기 중소형 빌딩 거래량을 조사한 결과 40건이 거래된 것으로 나타났다. 지하철 9호선 2단계 구간이 개통되면서 역세권 인근 빌딩이 주목받은 것으로 보인다.

삼성동 일대는 앞으로도 빌딩 거래가 늘 것으로 예상된다. 현대

## 서울 중소형빌딩 거래 가장 많은 곳은

(단위: 건, 억 원)

| 지역 | 거래건수 | 평균거래액 |
|---|---|---|
| 강남구 | 69 | 91 |
| 마포구 | 25 | 37 |
| 동대문구 | 23 | 26 |
| 서초구 | 21 | 42 |
| 송파구 | 21 | 40 |
| 중구 | 14 | 56 |

* 2014년 상반기 기준
자료: 알코리아에셋

차의 한국전력 부지 매입 등으로 관련 업체들이 대거 입성할 수 있기 때문이다. 경전철 위례~신사선 개통 예정, 코엑스~잠실종합운동장 종합발전계획 등 굵직굵직한 호재들도 거래 활성화를 부추길 전망이다.

다만 강남 지역 중소형 빌딩은 환금성이 높은 반면 땅값이 비싸다는 단점이 있다. 시세차익의 기본은 낮은 가격에 매입해 높은 가격에 되파는 것이다. 구입할 때 너무 비싸면 차익을 내기가 어렵다.

높은 시세차익을 올리려면 강남보다는 마포·용산구 일대 중소형 빌딩에 주목할 필요가 있다. 이 곳은 사무실이 밀집해 있어 언제든 임대 수요가 있다. 빌딩 가격이 강남보다 저렴한 것도 장점이다. 또 신축이 쉽지 않아 나중에 매물로 내놔도 금방 팔리는 경우가 많다. 2014년 상반기 마포구에서 거래된 중소형 빌딩 매매건수는 25건에 달한다. 2013년 한 해 동안 거래된 빌딩(28건)에 육박한다.

중소형 빌딩이 인기를 끄는 이유는 단순하다. 저금리가 지속되면서 자산가들이 금융 자산보다 실물 자산을 선호하기 시작한 것이다. 특히 중소형 빌딩은 임대수익과 더불어 시세차익을 기대할 수 있기 때문에 자산 증식 차원에서 매력적인 상품이다.

중소형 빌딩이 상대적으로 안전 자산에 가깝다는 인식도 생겼다. 특히 꼬마빌딩은 부동산 경기가 침체기를 겪어도 끄떡하지 않는다. 가격은 오르고 거래는 끊임없이 이뤄진다. 또 한 가지는 중소형 빌딩 투자가 자녀 상속·증여 수단으로도 활용될 수 있다는 점이다. 빌딩을 소유한 뒤 자산가치가 늘어나면 바로 증여하는 것보다 증여세 부담이 줄어든다.

빌딩은 아파트와 달리 실거래가로 감정가를 매기기가 쉽지 않다. 기준시가를 바탕으로 증여세를 책정하다보면 금액 자체가 줄어든다. 전문가들도 부모 자식 간 공동명의로 중소형 빌딩 투자가 늘고 있다고 전한다.

물론 중소형 빌딩 투자를 할 때 주의할 점도 있다. 주변 시세, 임대료, 리모델링 비용, 과거 공실률 등을 구체적으로 살펴보는 게 우선이다. 유동인구가 많고 배후 수요가 확실해도 지나치게 비싸면 시세차익을 올리기 쉽지 않다.

노후 빌딩은 리모델링을 해야 하는데 최소한에 그치는 게 좋다. 리모델링 비용만큼 건물 가치가 올라가지 않을 가능성도 있기 때문이다. 전문가들은 리모델링을 하더라도 공간 효율성을 최대한 높이는 데 주안점을 두라고 강조한다.

전문가를 통해 법적 권리관계를 따지는 작업도 거쳐야 한다. 등기부상 권리관계, 토지이용계획확인원 등 공적 장부를 면밀하게 점검하고 건축물대장과 건물 실제 현황이 일치하는지 살펴야 한다. 주변 시세보다 터무니없이 싸다면 어딘가에 문제가 있을 확률이 높기 때문이다.

빌딩 투자는 초기 비용이 만만치 않지만 신중하게 접근하면 가장 안전하면서도 든든한 노후보장이 될 수 있다. 오히려 위험한 건 안전하다고 믿고 투자한 수익형 부동산일 수 있다.

# 시세차익 높은 상가 '입도선매'하는 법

초기 계약률 높은 곳 위주로 접근

중도금 무이자 혜택 내건 곳 많아

골목길 상권 투자, 임대수익 초점

'1주(住), 2땅(土), 3상(商).'

부동산 투자의 난이도를 요약하면 이렇다. 주택이 가장 쉽고, 그 다음이 땅이다. 상가는 난이도가 가장 높다. 변화무쌍한 상권 변화에 따라 상가 가치도 달라지기 때문이다.

어떤 임차인을 만나느냐에 따라서도 위험은 달라진다. 꼬박꼬박 임대료를 내는 임차인이 있는가 하면, 장사가 안 된다고 '나 몰라라' 하는 임차인도 있다. 임차인의 속성을 모른 채 계약에 임했다가

는 맘고생만 실컷 할 수도 있다. 임대인과 임차인의 유기적인 관계
가 그 어느 투자 상품보다 중요한 이유다.

전통적인 부동산 투자 상품으로 인기를 끌어온 상가가 최근 또
다시 뜨겁게 달아오르고 있다. 저금리 시대에 고정적인 선호 계층
이 있고 공급 과잉 우려가 적다 보니 상가가 상대적으로 각광받고
있는 것이다. 게다가 신규 아파트 분양이 줄을 이으면서 단지 내 상
가 분양도 붐을 이루고 있다.

통계에서도 상가 인기를 확인할 수 있다. 국토교통부에 따르면
2014년 상업·업무용 부동산 거래량은 9만 5,939호를 기록했다. 지
난 2006년 통계를 집계하기 시작한 이후 최대치다. 지역별로는 경
기도가 5만 668호로 가장 많았다. 신도시, 택지지구 등 신규 분양
이 늘어난 게 원인으로 지목된다. 서울도 3만 9,504호로 적지 않았
다. 이어 부산(2만 157호), 인천(1만 2,834호)이 뒤를 이었다. 국토
교통부는 지난 2015년 1, 2월에도 상업·업무용 부동산 거래량이 3
만 4,731호로 전년 동기 대비 17% 이상 올랐다고 밝혔다.


상가 투자는 어떻게 하는 게 좋을까.

상가 투자 달인들은 초기 계약률이 높은 상권을 집중 공략할 것
을 권한다. 초기 계약률이 높다는 건 그만큼 수요자들 관심이 높음
을 입증하기 때문이다. 이 같은 상가는 단기간에 상가 분양이 완료

될 가능성이 있는 만큼 '입도선매(立稻先賣)' 전략을 구사하는 것도 한 가지 방법이라고 귀띔한다.

실제 초기 계약률이 높은 상가는 조기 완판 가능성도 높다. 지난 2015년 3월 서울 마곡지구에 지은 안강프라이빗타워는 단 하루 만에 계약이 끝났다. 그에 앞서 2014년 10월 반도건설이 동탄2신도시에 공급한 카림애비뉴동탄은 분양 시작 일주일 만에 90% 계약률을 보였다. 완판까지 걸린 시간은 딱 15일. 층·호수에 따라 차이가 있지만 1,000만~3,000만 원 가량 웃돈도 붙었다. 2014년 11월 마곡지구에서 분양 중인 마곡 퀸즈파크나인은 2개월여 만에 1층 상가가 완판됐다. 4층 상가도 이후 2주 만에 계약이 끝났다.

최근에는 분양업체들도 상가 조기 계약률을 높이기 위해 투자자들을 끌어들일 만한 혜택을 내걸고 있다. 계약금을 낮추거나 중도금 무이자 혜택을 제공하는 식이다.

김포 한강신도시 e편한세상캐널시티에비뉴는 계약금을 10%까지 낮췄다. 잔금 80%는 2017년 8월 준공 시점에 납부하도록 했다. 최대한 투자자 부담을 줄여주기 위한 조치다. e편한세상캐널시티에비뉴는 공급 면적이 넓어 분양가가 만만치 않다. 평당 분양가는 1,800만 원대다. 그러나 눈에 띄는 혜택들이 많아 54개 상가 중 대부분이 분양 완료됐다.

위례신도시에 공급하는 위례 송파힐스테이트와 위례중앙역 아이에스센트럴타워도 계약금 10%를 내면 매입할 수 있다. 중도금 40%는 무이자 대출로 충당할 수 있다. 마곡지구에서 분양하는 마곡대방디엠시티 상가도 중도금 60% 무이자 혜택을 내걸었다.

한 걸음 더 나아가 아예 월세를 보장하는 곳도 있다. 김포 한강신도시 라베니체마치에비뉴는 1년 간 점포를 무상 대여하는 무상임대 제도를 도입했다. 일단 장사해보고 결정하라는 것이다.

그러나 무엇보다 상가를 구입할 때는 입지를 따져야 한다. 위례신도시, 마곡지구, 한강신도시처럼 신도시에 들어갈 것인지, 구도심에 진출할 것인지 결단을 하고 그에 맞는 상가를 매입하는 게 순서다.

2014년 분양된 상가 중에선 신도시 물량이 절반 이상을 차지했다. 총 304개 공급 단지 중 177개 단지(58%)가 수도권 택지지구·신도시에 위치해 있다. 신도시 상가가 인기를 끄는 요인은 서울과 멀지 않으면서 대규모 주거지역을 배후 수요로 삼고 있기 때문이다. 게다가 정부가 당분간 신도시 개발에서 손 떼겠다고 한 것도 희소가치를 높이는 데 일조했다.

신도시 상가는 공실이 없을 경우 연 5% 이상 수익을 꾸준히 올릴 수 있는 상품으로 꼽힌다. 상권 형성 초기에 들어가면 임대수익률에 시세차익까지 노릴 수 있다. 기존 상가는 이미 매매가가 올라가 있고, 권리금까지 부담해야 하기 때문에 큰 폭의 차익을 내긴 사

## 눈에 띄는 신도시 주요 상가

| 구분 | 위치 | 상가 | 점포 수 |
|------|------|------|---------|
| 근린 상가 | 위례 | 위례 우남역아이파크애비뉴 | 63 |
| | | 위례 중앙역아이에스센트럴타워 | 217 |
| | 동탄2 | 동탄2신도시디스퀘어 | 40 |
| 단지 내 상가 | 김포 한강 | 라베니체마치에비뉴2~3차 | 97 |
| | 위례 | 위례 오벨리스크센트럴스퀘어 | 193 |
| | | 위례 우남역KCC웰츠타워 | 75 |
| | 김포 한강 | e편한세상캐널시티에비뉴 | 54 |

실상 어렵다.

2015년 이후에도 상가 분양이 계속된다. 위례, 동탄2신도시 등 아파트 분양 시장에서 흥행을 끌었던 지역과 최근 아웃렛 등이 들어서며 새로운 상권으로 부각되는 김포 한강신도시가 투자 후보지로 거론된다.

위례신도시에서는 위례 우남역아이파크애비뉴와 위례 우남역 KCC웰츠타워가 분양 중이다. 두 곳 모두 오피스텔 저층부에 들어서는 상가다. 2017년 개통 예정인 지하철 8호선 우남역이 가깝고 오피스텔 고정수요가 뒷받침한다는 점이 장점으로 꼽힌다. 위례신도시 상가 분양가는 1층 기준 3.3㎡당 2,500만~5,000만 원대다. 전용면적 43㎡(15평)짜리 1층 상가를 분양받으려면 최소 7억 원 가량은 준비해야 한다.

동탄2신도시에 공급되는 상가는 분양가가 비교적 저렴하다. 동탄2신도시 시범단지에 들어서는 동탄2신도시디스퀘어(40개 점포)의 경우 분양가가 2,700만 원대다(1층 점포 기준). 2층부터는 600만~1,000만 원대에 분양받을 수 있다. 동탄신도시는 배후 주거 지역 외에 기업체가 많아 초기 상권 형성에는 큰 무리가 없을 것이란 의견이 많다. 인근 삼성반도체 기흥공장과 화성캠퍼스만 해도 상주 인력이 11만 명에 이른다.

김포 한강신도시에선 카페거리를 테마로 한 상가가 분양 중이다. 대림산업이 공급하는 e편한세상캐널시티에비뉴는 총 A·B·C 3개 동, 54개 점포 규모다. 수로변을 따라 조성된 1차분(B동 20개 점포)은 이미 완판됐다.

상가 투자가 처음이라면 1층 외에는 거들떠보지 않는 것도 필요하다. 1층에 비해 2층 이상은 분양가가 낮은 대신 공실 위험이 크다. 병원 등 전문 업종 입주가 확정되지 않았다면 선뜻 투자에 나서는 건 금물이다. 그러나 상가 투자를 몇 번 해 본 투자자들은 1층을 고집할 필요도 없다. 1층은 분양가가 다른 층에 비해 5~8배 높아 시세차익을 올리기 곤란하기 때문이다.

　이처럼 상가는 초기 투자비용이 많고, 상황·지역·업종별로 수익률도 천차만별이다. 하지만 제대로 접근한다면 안정적인 수익률을 거두는 효자 상품이 될 수 있다.

# 대형 상권 못지않은
# 골목길 상권

대형 역세권 대신 좁고 구불구불한 골목길 상가 인기

신사동 세로수길, 이태원 경리단길 핫플레이스로 떠올라

업종 차별화, 지하철 등 교통 인프라 잘 갖춰졌는지 변수

서울 지하철 6호선 녹사평역 2번 출구에서 녹사평대로를 따라 10분 정도 걷다 보면 옅은 회색 담장에 둘러싸인 국군재정관리단 (옛 육군중앙경리단)이 보인다. 여기서부터 그랜드하얏트서울호텔까지 연결되는 골목길이 이태원 경리단길이다.

메인 도로에는 화덕피자로 소문난 '트레비아', 태국 퓨전음식점 '부다스벨리', 스테이크전문점 '팬스테이크키친' 등 이국적인 색채가 짙은 가게들이 쭉 늘어서 있다. 좁다란 골목에서는 빌라나 다가

구주택을 상가로 리모델링하는 공사가 여기저기서 진행되고 있다. 기존 이태원 상권도 이국적인 분위기로 이름나 있지만 경리단길은 아직 대기업 프랜차이즈 매장이 눈에 띄지 않는다는 점에서 특색이 있다.

좁고 구불구불한 길에 상가 점포들이 오밀조밀 들어선 골목상권이 창업 시장의 핫플레이스로 떠오르고 있다. 서울 강남역, 명동역 등 대형 상권은 늘 유동인구로 넘쳐나지만 개인 창업자들은 소형 점포 하나 오픈하기도 어렵다. 장사가 좀 잘된다 싶으면 대기업이나 대형 프랜차이즈 업체들이 대규모 매장을 입점시켜 임대료가 껑충 뛰어오르기 때문이다.

이에 비해 이태원 경리단길, 방배동 사이길, 삼청동 카페거리 같은 아기자기한 골목상권은 아직까지 진입장벽이 낮아 소자본 창업가들이 몰리는 중이다. 저마다 특색을 갖춘 덕분에 20~30대 연인, 가족들이 삼삼오오 방문하면서 상가 매출이 꽤 나온다. 골목상권에는 저마다 개성 있는 점포들이 자리 잡아 SNS를 타고 입소문이 퍼졌다. 덕분에 골목에 숨어 있는 맛집이나 소품점마다 손님들이 넘쳐나면서 인기를 끄는 중이다.

서울 곳곳에 자리 잡은 골목상권 중 투자가치가 높은 상권은 어디일까. 이태원 경리단길, 신사동 세로수길, 홍대 땡땡거리, 성수동

수제화거리, 문래동 예술촌 등이 유망 상권으로 꼽힌다.

이태원 경리단길은 서울 용산구 그랜드하얏트서울호텔 부근에 위치한 골목상권이다. 이태원 상권이 경리단길 언덕 골목으로 넓어지면서 경리단길 일대에는 낡은 주택을 리모델링한 상가들이 잇따라 들어서는 중이다. 이태원 경리단길은 20~30대 여성이 주 고객으로 기존 이태원 상권의 연장선상에 서 있다는 것도 장점이다.

신사동 세로수길도 눈길을 끈다. IBK기업은행 신사동지점에서 신사동 주민센터까지 이어지는 길이 가로수길이라면, 세로수길은 이 가로수길의 뒷골목들을 통칭하는 말이다. 가로수길은 1970년대 말 새마을운동 지도자들이 자발적으로 은행나무를 심으면서 만들어졌다. 2010년 즈음에만 해도 개인 의류 매장, 카페 중심의 소규모 상권에 불과했지만 최근 몇 년 새 유동인구가 늘면서 강남 핵심 상권으로 급부상했다. 대형 브랜드 매장이 대거 들어서면서 가로수길이 인기를 끌자 이면거리에는 먹자상권, 카페 중심의 세로수길이 생겨났다.

세로수길 역시 경리단길처럼 가로수길의 높은 임대료에 밀려난 커피숍, 프랜차이즈 음식점, 술집 등으로 상권이 형성돼 있다. 옷가게와 대기업의 플래그십스토어가 포진한 가로수길 방문객들이 쇼핑 후 자연스럽게 들어오기 좋은 구조다.

이태원 경리단길과 신사동 세로수길에는 공통점이 하나 있다.

기존 우량 상권에서 높은 임대료를 피해 상인들이 옮겨 가면서 생긴 신흥 상권이라는 점이다. 이태원 경리단길은 최근 2~3년 사이 수제맥줏집, 디저트가게, 커피숍 등이 잇따라 입점하며 젊은이들이 찾는 명소로 떠올랐다.

경리단길이 인기를 끌면서 이곳 상권 매매가와 임대료도 덩달아 급등했다. 경리단길 메인 도로에 위치한 한 상가(대지면적 50㎡)의 땅값은 2015년 4월 기준 3.3㎡당 5,000만 원을 훌쩍 넘는다. 1년 전만 해도 3.3㎡당 3,500만 원 선이었던 곳이다. 덕분에 노후 단독·다가구주택들이 최근 2~3년 새 3.3㎡당 수천만 원씩 오른 가격에 거래되고 있다. 3.3㎡당 7,000만 원이 넘는 가격에 팔린 가게도 있다. 예를 들어 전용면적 40㎡의 1층 상가는 2015년 초 보증금 4,000만 원, 월 임대료 350만 원에 임차인을 찾았다. 3~4년 전만 해도 비슷한 크기, 위치의 상가를 월 70만 원이면 얻을 수 있었지만 그 사이 임대료가 5배가량 오른 것이다.

강남구 신사동 세로수길은 이미 성숙기에 접어든 상권이다. 세로수길에서 소형 빌딩을 매입하려면 3.3㎡당 7,700만 원은 각오해야 한다. 불과 1년 전과 비교해 1,200만 원 이상 뛰었다. 주변 공인중개업소에 따르면 신사동 세로수길 상권은 1층 점포 기준 월 임대료가 보증금 1억 원에 3.3㎡당 25만 원 안팎으로 가로수길 상권(약 35만 원)보다는 저렴하다.

일명 샤링골목이라 불리는 문래동 예술촌(창작촌)은 최근 새롭게 떠오른 골목이다. 지하철 2호선 문래역 7번 출구에서 나와 5분이면 도착하는 철공소 밀집 지역에 예술가들이 하나둘씩 작업실이나 갤러리를 열면서 형성된 거리다. 예술인들이 담장과 공장 벽에 그려 넣은 그림들은 독특한 분위기를 연출하면서 입소문을 탔고, 구경하러 오는 사람이 늘면서 자연스레 커피숍과 식당이 여럿 생겨났다.

임대료 시세는 3.3㎡당 3만~4만 원꼴로 안정적인 편이다. 25평짜리 작업실이나 공장을 얻으려면 보증금 1,000만 원에 월 임대료 80만 원이면 가능하다. 공장을 사들이려면 3.3㎡당 1,400만~1,500만 원은 각오해야 한다. 2013년과 비교해 3.3㎡당 100만 원 정도 오른 가격이다.

지하철 2호선 성수역을 중심으로 한 성동구 성수동 수제화거리도 공장 지대가 랜드마크로 떠오른 사례다. 성수동은 1960년대부터 구두업체들이 모여 만든 그야말로 '삶의 현장'이다. 지금도 성수동에는 완제품 매장, 중간가공, 원부자재 유통 등 500여 개의 수제화 관련 업체들이 들어서 있다. 예전에는 삭막한 공장이나 재료상, 거래상이 대부분이었지만 지금은 수제화를 전시한 매장이나 직접 수제화 제작을 배울 수 있는 공방이 늘면서 사람들의 발길이 늘었다. 성수역 교각 아래에는 수제화업체나 장인들이 공동판매장을 열어 운영하기도 한다.

성수동 수제화거리는 아직 상권이 본격적으로 형성되지 않아 임대료가 저렴한 편이다. 1층에 점포를 내고 싶다면 10평 기준 보증금 1,000만 원에 월 임대료 80만~100만 원이면 된다. 대신 목 좋은 곳은 권리금이 3,000만~5,000만 원가량 붙어 있다.

용산구에서 이태원 경리단길이 뜨는 상권으로 꼽혔다면 마포구에서는 서교동 홍대 땡땡거리가 높은 점수를 받았다. 홍대 땡땡거리는 서울 마포 산울림소극장 건너편의 작은 샛길에서 시작해 와우교 아래로 옛 철길을 따라 홍대에서 신촌으로 넘어가는 200m 남짓의 길이다.

경의선이 다니던 시절 기차가 올 때 '땡땡' 소리가 울린다고 해서 이렇게 이름이 붙여졌다. 홍대입구 상권처럼 요란하지는 않지만 1990년대 인디밴드 작업실과 유독 오래된 듯한 선술집 등 1세대 홍대 문화가 자리 잡던 시절의 운치가 아직 남아 있는 점이 주목받는다.

땡땡거리 역시 지난 몇 년간 상권이 유명세를 타면서 임대료 상승을 피해가지 못했다. 2년 전만 해도 보증금 2,000만 원, 월 임대료 160만 원이면 들어갈 수 있던 20평짜리 1층 점포는 이제 보증금 2,000만~3,000만 원에 월 250만~300만 원을 내야 입주할 수 있다. 다른 점포들도 크기에 따라 월 임대료가 100만 원 안팎씩 올랐다.

종로구 서촌마을은 경복궁 서쪽의 인왕산과 경복궁 사이, 청운 효자동과 사직동 일대를 뜻한다. 이 동네에는 2~3년 전부터 동네 미싱방, 우유집이 사라지고 공방과 옷가게, 커피숍, 식당들이 줄지어 들어섰다. 단순 카페골목으로만 발전하진 않았고, 600여 채의 개량한옥과 골목 사이사이에 문을 연 갤러리와 미술관이 함께 어우러져 서촌마을만의 독특한 정취를 자아낸다. 이미 상업화되고 붐비는 삼청동 북촌 한옥마을을 떠나 조용한 장소를 찾아온 관광객들 발길이 많은 곳이다.

신사동 세로수길이나 이태원 경리단길처럼 잘 알려진 골목상권이라고 해서 묻지마 투자를 하는 건 금물이다. 대부분 상가 시세가 많이 올라 자칫 기대한 만큼 수익률이 나오지 않을 우려가 크기 때문이다.

이미 투자자들이 몰리거나 대형 상권으로 성장해 소위 잘나가는 골목상권보다는 확장 가능성이 높은 상권에 투자하는 게 좋다. 이왕이면 저평가된 틈새 골목에 진입해야 한다는 의미다.

골목상권에 투자하기 앞서 현장 답사를 해보고 지하철 같은 교통 인프라가 잘 갖춰진 지역에 진입하는 게 안전하다. 업종을 정할 때도 커피전문점처럼 마냥 인기 있는 업종을 택할 게 아니라 새로운 테마를 갖추고 가게 자체를 차별화하는 것도 중요하다. 나만의 스토리를 갖추고 점포를 꾸미는 등 단골 확보 전략이 필요하다는 의미다.

성장하는 상권 내에서도 임대료, 권리금이 최근 2~3년간 꾸준히 오르는 점포를 찾아야 한다. 임대차 상가를 오픈할 때 계약기간이 끝나면 상가 권리금 문제가 불거질 수 있는 만큼 계약 단계에서 이 부분을 명확히 기재해놓는 게 좋다. 시세차익을 내려면 점포 임대에 적합하게 리모델링을 하는 것도 중요하다.

PART

04

# 지방에서
# 금맥을
# 캐라

# 지방 광역시 신시가지를 노려라

부산, 울산, 광주, 대구 청약경쟁률 상위권 싹쓸이

지방 광역시 법원 경매 낙찰가율도 계속 치솟아

공급 과잉 우려 있지만 신시가지 투자는 괜찮아

'지방 변두리 부동산이라고 얕보지 말라.'

2014년 지방 5대 광역시(부산·대구·광주·대전·울산) 부동산 시장은 호황을 누렸다. 아파트 분양 시장을 중심으로 신규 공급이 활발했고 미분양은 감소세를 보였다. 부산, 대구 등 일부 지역에서는 청약을 했다 하면 경쟁률이 100대 1,200대 1을 우습게 넘었다.

닥터아파트에 따르면 2014년 지방 5대 광역시에선 총 6만 2,363가구 아파트가 새로 공급됐다. 신규 분양 물량만 2013년(3만

| 구분 | 2010년 | 2011년 | 2012년 | 2013년 | 2014년 | 2015년 2월 |
|---|---|---|---|---|---|---|
| 5대 광역시 | 26,210 | 18,716 | 17,520 | 10,272 | 4,022 | 3,058 |
| 부산 | 3,458 | 4,193 | 5,784 | 4,259 | 2,060 | 1,515 |
| 대구 | 13,163 | 8,672 | 3,288 | 1,234 | 1,013 | 669 |
| 광주 | 1,809 | 784 | 3,348 | 323 | 247 | 141 |
| 대전 | 2,205 | 1,557 | 1,441 | 1,146 | 444 | 424 |
| 울산 | 5,575 | 3,510 | 3,659 | 3,310 | 258 | 309 |
| 수도권 | 29,412 | 27,881 | 32,547 | 33,192 | 19,814 | 16,924 |
| 서울 | 2,729 | 1,861 | 3,481 | 3,157 | 1,356 | 1,238 |
| 인천 | 4,265 | 3,642 | 4,026 | 5,275 | 3,735 | 2,991 |
| 경기 | 22,418 | 22,378 | 25,040 | 24,760 | 14,723 | 12,695 |

* 자료: 국토교통부

8,876가구) 대비 60%가량 늘었고 분양 가구 수가 2만 가구를 한참 밑돌았던 2010년(1만 7,888가구)보다 3.5배가량 많았다. 2011년 이후 지방 5대 광역시에선 평균 5만 2,600여 가구가 매년 새로 분양됐다.

신규 공급이 이어지는 가운데 주인을 찾지 못했던 아파트도 속속 팔려 나갔다. 국토교통부에 따르면 2015년 2월 말 기준 지방 5대 광역시 내 미분양 물량은 3,058가구. 미분양 가구 수가 2만 6,000가구를 웃돌았던 지난 2010년 대비 8분의 1 수준으로 줄었다.

청약 경쟁도 어느 때보다 치열했다. 분양 시장이 특히 뜨거웠던 부산, 울산, 광주, 대구의 경우 2014년 아파트 순위 내 청약 경쟁률 전국 1~4위를 싹쓸이했을 정도다. 부동산114에 따르면 부산광역시가 평균 20.92대 1의 청약 경쟁률을 기록해 가장 높았고, 이어 울산광역시(14.58대 1), 광주광역시(13.43대 1), 대구광역시(12.10대 1) 순으로 청약통장이 많이 사용됐다. 대전광역시의 경우 평균 청약 경쟁률이 3.07대 1로 5대 지방 5대 광역시 중 유일하게 전국 평균(7.13대 1)을 밑돌았다.

분양 시장이 불을 지피는 동안 경매 시장에도 온기가 돌았다. 지지옥션에 따르면 2015년 2월 기준 지방 5대 광역시 법원 경매 아파트 평균 낙찰가율은 89.5%였다. 같은 기간 전국 평균 낙찰가율은 72.4%, 서울은 71.4%였다. 이 가운데 대구광역시 내 아파트 평균 낙찰가율은 117.2%로 전국 최고 낙찰가율을 기록해 수개월째 1위를 달리던 제주를 넘어섰다.

지방 5대 광역시 새 아파트 분양 물량이 증가한 이유는 뭘까. 5

대 광역시 생활 인프라가 수도권 못지않게 잘 갖춰진 게 한몫했다. 게다가 아파트 전세, 매매가격이 동시에 급등하면서 내집마련 실수요자가 부쩍 늘어난 것도 영향을 줬다. 또한 혁신도시를 중심으로 한 공공기관 지방 이전이 본격화되면서 신규 분양 물량이 계속 공급돼 왔다. 여기에 저금리 기조가 맞물리면서 내집마련으로 돌아선 수요자가 초기 목돈 부담이 적은 신규 분양 아파트 청약시장에 적극 뛰어든 것으로 풀이할 수 있다.

신규 분양 물량이 쏟아진 덕에 지방 5대 광역시 분양 시장은 2014년 후끈한 한 해를 보냈다. 하지만 2015년은 얘기가 조금 다르다. 2014년까지 앞 다퉈 분양 물량을 쏟아내던 건설사들이 2015년에는 지방 광역시 분양 물량에 대한 '속도 조절'에 들어갔기 때문이다. 연내 5대 광역시에서 새로 공급될 아파트 물량은 2만여 가구로 2014년 3분의 1 수준에 불과하다. 그간의 열풍을 의식한 듯 잠시 쉬어가는 모습이다.

공급 과잉 위험이 줄어들었다고도 해석할 수 있지만 그동안 가격 상승기에 분양된 물량들이 동시에 입주를 앞두고 있어 공급 과잉 우려가 완전히 해소되진 않았다. 그럼에도 투자를 염두에 둔다면 광역시별 신시가지를 눈여겨보는 게 좋겠다. 그간 지방 부동산 중에는 도시 외곽에 신시가지가 개발되면서 구도심이 상대적으로 슬럼화되는 현상을 보였는데, 지역에 따라 투자 쏠림 현상이 나타날 가능성도 있기 때문이다. 지방 광역시별 투자 가치를 살펴보자.

### 부산광역시

20.92대 1. 2014년 부산광역시 평균 청약 경쟁률이다. 전국에서 가장 높았을 뿐 아니라 2위 울산, 3위 광주, 대구 등 지방 광역시를 크게 앞질렀다.

부산 부동산은 지방 부동산 시장의 바로미터(가늠자)로 통한다. 부산 청약시장이 들썩이고 아파트 매매가격이 오른다면 다른 지역도 덩달아 집값이 뛰는 경우가 많았다. 최근 부산 혁신도시 개발로 공공기관 이전이 본격적으로 진행되는 한편 해운대를 중심으로 마린시티, 센텀시티에도 투자 수요가 몰리는 중이다. 특히 2015년 공급 규모는 2014년(2만 9,000가구)의 3분의 1 정도인 1만 1,800가구에 불과한 데다 부산에서 인기가 높은 도심 재개발 단지가 집중돼 있어 청약 인기가 2014년에 버금갈 전망이다.

그러나 한쪽에선 시장 과열을 우려하는 목소리도 나온다. 부산 아파트 평균 매매가격은 지난 1년간 꾸준히 오르기는 했지만 오름폭이 3.3㎡당 26만 원 남짓에 그쳤다. 같은 기간 부산 아파트 분양가가 3.3㎡당 100만 원 이상 치솟았던 것과 대비된다. 부산 아파트 분양가에 적잖은 거품이 껴 있다는 해석도 나온다.

대구광역시

부동산114에 따르면 대구 아파트값은 2014년부터 2015년 3월 말까지 무려 16% 상승했다. 신규 분양 최대 호황 지역으로 꼽히는 대구는 2014년 13% 상승에 이어 2015년 들어 1분기에만 2.6%가량 오르며 2년 연속 전국 아파트값 상승률 1위를 차지했다.

대구 내에서도 아파트값 오름폭이 가장 가팔랐던 곳은 서구 일대였다. 2014년까지 수성구를 중심으로 아파트값이 상승했다면 2015년 1분기에는 서구(4.14%)가 가장 많이 올랐다. 수성구(3.71%), 동구(2.87%) 순으로 뒤를 이었다.

서구는 대구 내에서도 아파트 가격이 그리 비싸지 않은 곳으로 통한다. 대구광역시 아파트 평균 매매가가 3.3㎡당 800만 원을 웃도는 반면 서구는 3.3㎡당 평균 676만 원 정도면 집을 구할 수 있다. 서구 집값이 저평가됐다는 인식이 퍼지면서 가격 오름폭이 컸다는 분석이다.

이에 비해 수성구는 서울 강남8학군 못지않은 교육열과 명문대 진학률로 이름난 '수성학군'이 포진한 곳이다. 이 학군을 중심으로 3.3㎡당 매매가가 1,000만 원을 넘는 아파트가 많은데도 학군 수요가 꾸준해 집값이 늘 오르는 곳으로 통한다. 동구는 대구혁신도시 등 굵직한 개발호재 덕을 봤고, 동대구역 주변은 동대구복합환승센터 개발로 집값뿐 아니라 땅값도 크게 상승했다.

광주광역시

　광주광역시는 2015년 4월 호남고속철도(KTX)가 개통하면서
활짝 웃은 지역이다. 이제는 서울 용산역에서 광주송정역까지 1시
간 33분 만에 주파할 수 있어 이동 시간이 대폭 줄었기 때문이다.
사실상 광주와 수도권이 반나절 생활권으로 묶였다는 얘기다.

　광주송정역 일대는 호남KTX가 개통하기 수년 전부터도 꾸준
히 가격이 올랐지만 개통 전후로는 매물조차 찾아볼 수 없을 정도
가 됐다. 광주송정역을 중심으로 한 일대 땅값은 2012~2013년 당
시만 해도 3.3㎡당 700만~800만 원 정도였는데, 2014년 말께 3.3
㎡ 1,000만 원에 거래가 됐다. 이후 3.3㎡당 1,300만 원에, 더러는
그보다 높은 가격에 사겠다는 사람들이 일대 중개업소를 찾았지만
땅 주인들이 꿈적 않는 통에 입맛만 다시고 돌아가는 일이 많았다.

　광주송정역 인근 토지가 주목받는 이유는 현재 역을 오가는
5,000여명의 하루 유동인구가 호남KTX 개통 후 1만 3,000여 명까
지 늘어날 것으로 예상되기 때문이다. 이곳에 쇼핑몰과 주차장들
을 갖춘 지상 11층 규모의 복합환승센터도 들어설 예정이다. 호남
KTX로 유동인구가 많아지면 자연스레 인근 역사 개발도 탄력을
받게 된다. 투자를 염두에 두고 있다면 광주송정역 중심으로 저평
가된 토지를 사들이거나 광주 서부 상권을 중심으로 상가 투자처
를 물색하는 것이 유리하다.

광주송정역 인근 광산구 도산동 일대 아파트와 선운지구 등 새로 조성된 아파트에도 적지 않은 웃돈이 형성돼 있다. 도산동 우미아파트의 경우 2013년까지 전용면적 60㎡ 아파트가 8,000만~9,000만 원대에 거래되다 2015년 들어 처음으로 1억 원을 넘겼다. 호남고속철 사업이 가시화되기 전인 2010년만 하더라도 5,000만 원 안팎에 거래되던 아파트다. 선운지구의 경우 20~30평대 아파트가 3.3㎡당 600만~700만 원에 분양됐는데 분양권에 2,000만 원가량 웃돈이 붙어 있다.

### 대전광역시

최근 대전을 포함한 충남권 집값은 부진을 거듭했다. 전국 분양시장이 훈풍을 타고 평균 7대 1 이상의 청약 경쟁률을 기록하는 와중에도 대전 청약 경쟁률은 평균 3대 1을 겨우 넘겨 광역시 체면을 머쓱하게 했다.

거래도 많지 않았다. 국토교통부에 따르면 2015년 1분기 전국 주택 거래량은 2014년 1분기 대비 평균 18.3% 늘었는데, 서울·수도권과 지방 5대 광역시 중 아파트 거래량이 오히려 줄어든 곳은 대전광역시가 유일했다. 대전시 주택 거래량이 주춤했던 가장 큰 이유는 세종시다. 입주 아파트가 한꺼번에 쏟아지는 세종시에서 인근 대전, 충남 지역 주택 수요를 흡수하고 있기 때문이다.

세종시와 맞닿아 있는 대전은 한때 기반시설이 부족했던 세종시의 대체 주거지로 주목받으며 전셋값과 집값이 모두 오른 적이 있다. 세종시 전셋값과 집값이 오르면 대전도 덩달아 오르는 커플링 현상도 나타났다. 하지만 세종시 입주 물량이 늘어나면서 집값도, 전셋값도 하락세로 접어들었고, 2015년까지는 입주 물량이 더욱 늘어나 커플링에 따른 대전 부동산 하락세가 지속될 가능성이 크다.

따라서 대전 부동산에 관심이 있다면 2015년에는 일단 관망하고 2016년을 기다려 봄직하다. 공무원 등 실수요자들은 입주를 마쳤지만 2016년부터 입주 물량이 줄고 상인 등의 인구 유입이 늘어나면 집값이 다시 회복세로 돌아설 수 있기 때문이다.

### 울산광역시

그동안 영남권에서 부산, 대구 부동산 투자 열기가 최고조에 달하는 동안 울산 부동산은 관심권에서 약간 비껴간 듯 보였다. 하지만 정말 그럴까? 아파트 청약 경쟁률 전국 2위가 울산(14.58대 1)이었고, 지난 2015년 4월 울산 중구에 분양된 울산약사더샵(일반분양 138가구)에는 1순위 청약에만 1만 4,335명이 몰려 경남 창원시 창원가음꿈에그린에 이어 전국에서 두 번째로 인기 있는 아파트에 이름을 올렸다. 2015년 1~4월 사이 울산에 분양된 아파트 단지들은 평균 43.72대 1의 청약 경쟁률을 기록했다.

미분양 물량도 빠르게 소진됐다. 국토교통부에 따르면 울산광역시 내 미분양 가구는 2013년 3,310가구에서 2015년 2월 말 기준 309가구까지 줄었다. 미분양 소진 속도만 놓고 보면 지방 5대 광역시 가운데 가장 빨랐다.

울산 분양 시장은 당분간 호조세를 이어갈 것으로 보인다. 울산은 현대자동차, 현대중공업, 현대미포조선, KCC 등 대기업 산업단지를 배후에 두고 혁신도시 조성이 본격화 하면서 인구가 꾸준히 유입되는 곳이다. 주택 수요가 풍부한 데다 다른 도시에 비해 소득 수준이 높은 울산에선 전셋값 고공행진 때문에 내집마련에 나선 실수요자가 특히 많았다는 분석이 가능하다.

# 혁신도시는
# 이미 올랐다?

10년 이상 진행된 사업인 만큼 계획인구, 사업비 살펴야

공공기관 이전 빠르게 진행되고 집값 상승세인 곳 주목

KTX, 고속도로 등 광역 교통망 잘 갖춰졌는지도 따져봐야

최근 몇 년 새 지방 아파트 가격 상승 폭이 수도권을 앞지르는 기이한(?) 풍경이 나타났다. 서울 강남권이나 수도권 신도시만 쳐다보던 부동산 투자자들은 어안이 벙벙했다. 지방 부동산이 인기를 끈 건 공공기관의 지방 이전이 본격화되면서 혁신도시에 대한 투자자 관심이 높아졌기 때문이다.

혁신도시는 공공기관 지방 이전을 계기로 성장 거점지역에 조성되는 미래형 도시라고 생각하면 된다. 이전된 공공기관과 지역의

대학, 연구소, 산업체, 지방자치단체가 협력해 새로운 지역 성장 동력을 창출하자는 취지다.

공공기관의 지방 이전은 2003년부터 논의돼 왔다. 2013년부터 본격적으로 입주가 시작된 점을 고려하면 10여 년 넘게 진행된 사업이 드디어 결실을 맺고 있는 셈이다. 115개 공공기관 이전과 함께 약 3만 8,000명이 전국 10개 혁신도시로 이주할 예정이다. 특히 이전이 본격화된 2014년에만 71개 기관 2만 4,000명이 넘는 직원이 혁신도시에서 근무를 시작했다.

전국 혁신도시 개발에는 10조 원에 가까운 거대한 사업비가 투입됐다. 최근 수도권에서 주목을 받은 2기 신도시에 들어간 사업비와 비교하면 얼마 안 되지만 상대적으로 취약한 지방경제에선 적지 않은 돈이다.

청사진도 그럴 듯하다. 혁신도시를 개발해 수도권 집중 현상을 방지하고 지방 균형을 이룬다는 게 1차 목표다. 때문에 혁신도시는 이미 가격 수준이 높아져서 수익 창출이 어려운 수도권을 떠나 새로운 투자처를 물색하고 있는 투자자들의 관심을 한 몸에 받았다.

투자처로서 혁신도시가 주목받은 가운데 어느 지역이 투자처로 적합한지에 대해 고민을 해볼 필요가 있다. 혁신도시가 전국에 10곳이나 되고 사업 규모와 입주 기관의 특성이 각기 다르기 때문이다.

투자에 앞서 몇 가지 원칙부터 세우자. 혁신도시는 2014년부터 공공기관 입주가 본격적으로 이뤄졌지만 2030년까지 3단계에 걸쳐 장기간 개발이 진행된다. 2007년부터 2014년까지가 1단계였다면, 2015년부터 2020년까지는 산·학·연의 정착 단계라고 보면 된다. 이후 2030년까지는 혁신도시 개발 계획을 마무리하는 단계다.

가령 단기 차익을 목적으로 하는 투자라면 상대적으로 공공기관 이전이 빠르게 진행되고, 해당 지역 주택 시장이 상승세에 있는 곳을 고르는 것이 유리하다. 반면 장기간 부동산을 보유하면서 임대 수익을 내려 한다면 얘기가 다르다. 이때는 각 혁신도시에서 중점적으로 추진하는 사업분야가 무엇인지, 전망은 어떤지 등을 철저하게 평가해야 한다.

혁신도시별로 입지 여건도 따져봐야 한다. 그간 투자 열기가 높은 지역들은 경북 김천혁신도시, 울산혁신도시, 광주·전남혁신도시(빛가람혁신도시)인데 이들 지역 모두 KTX 경부선과 호남선, 경부고속도로와 호남고속도로 등과 직접 연결돼 광역 교통망이 우수하다는 장점이 있다.

어떤 상품에 투자하느냐도 중요하다. 아파트 같은 주거용 부동산은 기존 도심과의 접근성이 우수할수록 선호도가 높을 가능성이 있지만, 상가는 자체적으로 상권을 형성하는 데 어려움이 있을 수 있다. 그렇다고 주거용 부동산이 무조건 경쟁력 있는 것도 아니다. 혁신도시 초기엔 기존 도심 내 주택이 인기를 끌어도 구매력 있는 수요자들이 혁신도시로 몰려 입주할 경우 기존 도심에는 상업기관만 남게 되는 '공동화(空洞化)' 현상이 나타날 수도 있다.

혁신도시가 앞으로 얼마나 성장할지 판단하기 위해서는 계획인구와 사업비 등을 고려해보는 방법도 유용하다. 계획인구가 많고 사업비 규모가 클수록 해당 지역에서 핵심 지역으로 자리 잡을 가능성이 높기 때문이다.

국토교통부 공공기관 지방이전추진단의 계획(2015년 3월 기준)을 지역별로 확인해보면 광주·전남혁신도시가 계획인구 5만 명, 이주 공무원 6,700여 명으로 가장 많다. 이곳 사업비는 약 1조 3,222원이 소요될 예정이다. 사업비 규모를 놓고 보면 전북혁신도시(1조 5,297억 원)와 대구혁신도시(1조 4,369억 원)가 광주·전남혁신도시를 앞서 제일 많다. 이렇게 사업 규모가 크고 계획인구가 많은 지역은 사업이 장기간 지속될 가능성이 높다.

다만 최근 혁신도시 시세를 볼 때 유의해야 할 사항이 몇 가지 있다. 공공기관들의 지방 이전이 속속 완료되고 혁신도시 사업이 가시화되면서 지방 아파트 분양 시장이 과열 조짐을 보이고 있기 때문이다. 앞에 언급한 부산과 대구, 전북 등에서는 실수요자에 단기차익(웃돈)을 노린 투기세력이 함께 몰리면서 일부 단지는 수천만 원의 웃돈이 붙었다. 이미 혁신도시 내 부동산 시세가 오를 만큼 올랐기 때문에 지금 투자하면 원하는 투자 수익을 내지 못할 것이라

## 혁신도시 개요

| 지역 | 위치 | 면적<br>(천㎡) | 인구<br>(명) | 사업비<br>(억원) | 이전<br>기관(개) | 이전<br>인원(명) |
|---|---|---|---|---|---|---|
| 혁신<br>도시 계 | 10개 | 44,917 | 27만<br>1,000 | 9조<br>7,601 | 115 | 3만<br>8,257 |
| 부산 | 영도구<br>남구·해운대구 | 935 | 7,000 | 4,136 | 13 | 3,274 |
| 대구 | 동구 | 4,216 | 2만<br>2,000 | 1조<br>4,369 | 11 | 3,272 |
| 광주·<br>전남 | 나주시 | 7,332 | 5만 | 1조<br>3,222 | 16 | 6,763 |
| 울산 | 중구 | 2,984 | 2만 | 1조 438 | 9 | 3,071 |
| 강원 | 원주시 | 3,595 | 3만<br>1,000 | 8,843 | 12 | 4,492 |
| 충북 | 진천군<br>음성군 | 6,925 | 4만<br>2,000 | 9,890 | 11 | 3,045 |
| 전북 | 전주시<br>완주시 | 9,909 | 2만<br>9,000 | 1조<br>5,297 | 12 | 4,916 |
| 경북 | 김천시 | 3,805 | 2만<br>7,000 | 8,774 | 12 | 5,067 |
| 경남 | 진주시 | 4,077 | 3만<br>8,000 | 9,711 | 11 | 3,580 |
| 제주 | 서귀포시 | 1,139 | 5,000 | 2,921 | 8 | 777 |

는 회의적인 시선도 있다.

실제로 국토교통부가 2015년 4월 발표한 '2015년 공동주택 공시가격'에 따르면 혁신도시가 위치한 제주 서귀포시와 대구 동구는 2015년 들어 공동주택 공시가격 상승률이 각각 10.5%, 10.4%였다. 부산금융혁신도시가 들어서는 부산 남구(4.1%)와 전남 나주시(4%), 울산 중구(3.9%) 등도 혁신도시 효과를 봤다. 모두 전국 공동주택 가격 평균 상승률인 3.1%보다 높은 상승률을 보였다. 영산대 부동산연구소에 따르면 전국 주요 시·도의 혁신도시 아파트 매매가격은 2007년 4월 혁신도시 지정 이후 최근까지 평균 30% 이상 상승했다.

다음은 전국 혁신도시 10곳 중 주요 혁신도시에 관한 간략한 소개와 부동산 시장 현황이다.

### 부산 동삼·문현·센텀·대연혁신도시

부산혁신도시는 다른 지역 혁신도시와 달리 해양·수산(동삼혁신지구), 금융산업(문현혁신지구), 공동주거지(대연혁신지구), 영화·영상(센텀혁신지구) 등 4개 클러스터로 나뉘어 부산 일대에 동시 다발적으로 개발이 진행되고 있다.

영도구 동삼동 일원에 들어서는 동삼혁신지구는 61만 6,000㎡ 부지에 한국해양과학기술원, 한국해양수산개발원, 국립해양조사원, 국립수산물품질관리원 등이 이전한다. 남구 문현동 일원 10만 2,000㎡ 부지의 문현혁신지구에는 한국자산관리공사, 한국주택금융공사, 한국예탁결제원, 대한주택보증, 한국남부발전 등이 들어섰다. 또 해운대구 우동 센텀혁신지구에는 영화진흥위원회, 영상물등급위원회, 게임물관리위원회 등이 입주를 완료했으며, 남구 대연동에 조성된 대연혁신지구에도 아파트 총 2,304가구와 오피스텔 112실, 유치원 2곳, 초등학교 1곳이 들어선다. 부산 내 혁신도시는 2017년 이주 예정인 해양과학기술원을 제외하면 사실상 모든 공공기관들이 이주를 마친 상태다.

주거지로 개발되는 대연혁신지구 내 아파트 단지들은 공공기관 임직원들의 주거지로 설계된 만큼 2012년 분양 당시 큰 주목을 받았다. 지난 2013년 6월 입주한 대연힐스테이트푸르지오는 전매제한(3년)이 풀리려면 멀었는데도 웃돈이 1억 원 이상 붙어 있다. 전매제한이 1년에서 3년으로 강화되기 전에는 5,000만~7,000만 원가량 웃돈이 붙어 투기 과열 양상까지 보였던 단지다.

이 단지 바로 옆 대연롯데캐슬도 2015년 초 입주를 시작했는데 2012년 분양 당시 44.6대 1 청약 경쟁률을 기록했을 정도로 인기가 높았다.

## 대구 신서혁신도시

대구 신서혁신도시 사업비는 1조 4,369억 원으로, 전국 10개 혁신도시 중 두 번째로 많은 금액이 대구에 투입된다. 동구 신서동 일원에 422만㎡ 규모로 조성되는 이 혁신도시에는 산업지원 관련 기관 3개, 교육학술 관련 기관 4개를 비롯해 한국가스공사, 한국감정원 등 총 11개 공공기관이 들어선다. 2015년 내 이전 예정인 한국정보화진흥원과 중앙교육연수원을 제외한 모든 기간이 이전을 마쳤다.

신서혁신도시는 도심과 단절돼 있지만 경부고속도로를 끼고 있고 대구지하철 1호선 반야월역, 각산역, 안심역 등에서 버스를 타고 이동 가능해 다른 혁신도시에 비해 접근성이 좋은 편이다. 다른 혁신도시와 마찬가지로 이전 기관 직원들의 가족동반 이주 비율은 28.1%로 저조한 편이었지만 2014년 3월 새론초등학교가 개교하면서 입주하려는 수요자가 늘고 있는 상황이다.

수요자가 증가하면서 학교 인근 아파트값도 많이 올랐다. 일례로 새론초등학교 바로 옆에 위치한 서한이다음1차아파트는 민영아파트로 2015년 2월부터 입주를 시작했는데, 2014년부터 전매제한이 풀리면서 전용면적 75㎡ 분양권에 3,000만~5,000만 원의 웃돈이 붙어 있는 것으로 알려졌다. 같은 아파트 전용면적 84㎡도에도 분양가(2억 5,190만 원)에 비슷한 수준의 웃돈이 붙었다.

대구혁신도시에서는 상가 투자 열기도 뜨겁다. 아파트가 들어서 있는 주거지역과 공공기관 이전 단지 인근에는 벌써 상가주택이 빼곡히 들어서 있다. 한국토지공사(LH)의 아파트 단지 내 상가 입찰 때는 상가 분양가가 내정가의 2배 가격에 낙찰되는 등 과열 양상을 보이기도 했다.

### 광주·전남 빛가람혁신도시

일명 '빛가람혁신도시'로 명명된 광주·전남혁신도시는 나주시 금천지역 일원에 조성 중이다. 광주라는 이름이 붙긴 했지만 광주 시가지와는 22㎞가량 떨어져 있고, 나주 시가지에서도 8㎞가량 거리다. KTX나주역에 내린 후, 다시 차로 10분 정도 이동해야 하는 거리다.

빛가람혁신도시에는 한국전력공사, 한전KPS, 한전KDN, 전력거래소 등 전력산업 기관 4곳이 이전을 완료했고, 한국인터넷진흥원을 제외한 우정사업정보센터, 국립전파연구원, 한국방송통신전파진흥원 등 정보통신 관련 기관 4곳이 이전을 끝냈거나 예정돼 있다. 이외에도 빛가람혁신도시에는 농업기반 관련 기관인 한국농어촌공사, 한국농수산식품유통공사, 농수산식품연수원을 비롯해 한국문화예술위원회, 한국콘텐츠진흥원, 사립학교교직원연금공단이 이전을 마쳤고 한국농촌경제연구원도 착공이 완료돼 이전을 앞두고 있다.

 이전 공공기관(16곳)도, 이전 인원 규모(6,763명)도, 계획인구(5만 명, 1만 7,000여 가구)도 전국 10개 혁신도시 중 가장 많다. 공공기관 이전은 대부분 완료됐지만 아파트 입주는 다른 혁신도시들보다 늦은 편이다. 계획된 총 1만 7,000여 가구 중 현재 입주한 아파트는 LH 임대아파트와 공공분양 아파트 3개 단지 2,200여 가구에 불과하다. 2015년 내 입주 물량도 상반기 공공임대 아파트 1,078가구가 전부다. 2016년이 돼야 8개 단지 6,400여 가구가 추가로 입주한다.

 이전 공공기관 임직원이 가족과 함께 이주한 비율은 20%를 가까스로 넘긴 가운데, 투자 수요의 상당수가 혁신도시로 옮겨오려는 광주 시민이다. 당장 개발이 늦어져도 개발 규모로 보면 여느 혁신도시에 빠지지 않기 때문이라는 게 일대 공인중개업소 관계자의 설명이다.


### 울산 우정혁신도시

 울산광역시 중구 우정동 일원 298만㎡ 규모로 조성되는 우정혁신도시에는 한국석유공사, 에너지관리공단, 에너지경제연구원, 한국동서발전 등 에너지 산업군과 한국산업인력공단, 근로복지공단 등 노동·복지기능군이 이전한다. 국립재난안전연구원을 제외하면

8개 기관이 이전을 마쳤다. 우정혁신도시 내에는 아파트 6,150여 가구도 순조롭게 분양을 마쳤다.

최근 우정혁신도시 분양 시장에선 청약 열풍이 불었다. 그간 분양된 민간 아파트는 모두 1~2순위에서 청약이 마감될 정도로 인기가 높았다.

2014년 11월 우정혁신도시 B-2블록에 분양된 우정혁신도시 KCC스위첸은 일반분양 물량이 적어 특히 경쟁률이 높았다. 이 아파트는 38가구 모집에 3,430명이 몰려 평균 90.26대 1의 청약경쟁률을 기록했다. 특히 전용면적 84㎡A 타입의 경우 1가구 모집에 1,660명이 몰려 최고경쟁률인 1,660대1을 기록했다. 최근 우정혁신도시와 인접한 중구 약사동에 공급된 약사더샵은 특별공급 50가구를 제외한 138가구 모집에 2만 4,335명이 몰려 평균 176.3대 1의 청약 경쟁률을 기록했다.

우정혁신도시 내 민간아파트 매매가격은 최소 5,000만 원 이상의 웃돈이 붙어 있다. 이 때문에 '현재 울산 부동산이 정점'이라는 전망까지 나오는 상황이다.

그간 우정혁신도시는 활발했던 아파트 시장에 비해 상업지구 개발이 지지부진하다는 평가를 받았는데, 최근 신세계백화점 입점이 예정돼 상황이 나아졌다. 상업용지도 대부분 팔린 상태다.

교통은 다른 혁신도시에 비해 불편을 감수해야 한다. 예를 들어

KTX울산역에서 내려 한국석유공사 부지까지 차로 이동한다면 30분 이상은 각오해야 할 정도다. 사정이 이렇다 보니 이전기관 종사자 중에는 우정혁신도시와 더 가까운 울산공항을 이용해 서울까지 이동하는 경우도 꽤 많다.

# 수십조 원 풀리는
# 토지보상금 어디로

2015년 전국에 토지보상금 11조 원 풀릴 전망이라 관심

곧바로 부동산 시장 유입되거나 단기 금융상품으로 쏠려

8,000억 원 풀리는 과천, 재건축 탄력 받을 가능성 높아

2015년 2월, 부동산개발 정보업체 지존은 2015년 한 해 동안 전국으로 풀리는 토지보상금이 11조 원에 이를 것이라는 전망을 내놨다. 지존에 따르면 2015년 전국적으로 토지보상이 예정된 사업지구는 공공주택지구, 산업단지, 도시개발구역, 경제자유구역, 철도건설사업 등 총 145개 지구이며, 총 보상액이 11조 원으로 추산됐다.

이는 지난 2014년 풀린 토지보상금보다 4조 원 가량 적어진 규

## 2015년 주요 토지보상 개발 사업

| 지역 | 사업명 | 예상 토지보상금(원) |
|---|---|---|
| 수도권 | 경기 과천지식정보타운 | 8,000억 |
| | 서울 고덕·강일 공공주택지구 | 1조 5,000억 |
| | 경기 의정부 고산공공주택지구 | 3,100억 |
| 부산·울산·경남 | 김해2일반산업단지 | |
| | 신고리원전 5·6호기 건설사업 | 1조 5,000억 |
| | 기타 | |
| 대구·경북 | 구미국가산업단지 하이테크밸리5단지 | |
| | 대구 도남 공공주택지구 | 8,300억 |
| | 기타 | |

* 자료: 지존

모다. 현 정부 들어 신규로 추진한 대규모 개발사업이 없는 데다 한국토지주택공사(LH)의 주택공급 축소 방침으로 신규 택지 개발이 당분간 중단됐기 때문이다. 예년에 비해서도 10~20% 감소하긴 했지만 보상 면적은 총 92.43㎢에 달한다. 분당신도시를 4개 하고도 3분의 2가량 합쳐놓은 면적과 맞먹는다.

지역별로는 수도권에서만 48개 지역에 7조 6,000억 원가량이 보상금으로 나올 것으로 예측했다. 2014년 보상 계획에 포함됐다가 미뤄진 과천지식정보타운(8,000억 원)이 2015년 보상에 착수할 것으로 보이고 2015년 연말께 고덕·강일 공공주택지구(약 1조 5,000억 원 규모)도 협의 보상에 들어갈 것으로 알려졌다. 보상 가격이 3,100억 원쯤 되는 경기 의정부 고산공공주택지구도 2014년 연말부터 보상 절차를 진행 중이다.

지방에서는 97개 사업지구에서 3조 4,000억 원의 토지보상금이 풀릴 전망이다. 부산과 울산을 포함한 경남권에서는 김해2일반산업단지, 신고리원전 5·6호기 건설사업 등 사회간접자본(SOC) 시설을 통해 34곳에서 1조 5,000억 원가량의 토지보상금이 풀릴 전망이고, 대구·경북권역에서는 구미국가산업단지 하이테크밸리 5단지, 대구 도남 공공주택지구 등 26곳에서 8,300억 원가량의 보상이 착수된다.

세종시와 대전시를 포함한 충남권에서는 대전도안 갑천지구 친수구역 조성사업, 청주현도 공공주택지구 등 31개 사업지구에서 약 1조 원 규모의 토지 보상이 진행될 예정이다. 호남권 15곳과 영동권 14곳에서도 각각 8,700억 원, 3,000억 원가량의 보상금이 풀릴 것으로 기대되고 있다.

물론 이 같은 보상 계획은 LH 등 사업주체의 개발 계획이나 주민과의 협의 사항에 따라 미뤄질 수도, 금액이 변경될 수도 있다. 그래도 토지보상금의 상당 부분이 부동산 시장에 재투자될 가능성이 높다는 점을 생각하면 토지 보상 대상 인근 지역을 중심으로 부동산 투자가 활기를 띨 것이라 기대해봄직하다.

토지보상금은 주로 어디로 흘러갈까. 역대 사례를 보면 대체로 인근 부동산 시장에 풀리는 경우가 많았다. 업계는 통상 40~50%가 다시 부동산 시장으로 흘러들어간다고 본다. 실제로 토지보상금의 경우 대토(代土)에 따른 세제혜택을 받을 수 있어 보상금을 받은 땅 주인이 부동산 시장에 다시 투자하는 경우가 많다. 대토란 토지를 수용당한 땅주인이 해당 토지 인근 허가구역 안에서 같은 종류의 토지를 구입하는 것을 말한다. 이때 취등록세가 면제된다.

토지보상금이 흘러들어가는 경로는 크게 2가지 시나리오로 나뉜다.

첫째, 곧바로 부동산 시장으로 유입되는 경우다. 부동산으로 돈을 번 사람들은 대체로 '부동산 친화적'인 투자성향을 보인다. 특히 토지 소유주들은 오랜 기간 땅을 보유하다 보상을 받았기 때문에 부동산이 안전자산이란 인식이 강하기도 하다.

부동산에 투자한다면 어떤 상품이 관심을 끌까. 과거에는 무조건 강남 아파트를 구입하는 경우가 많았지만 최근에는 수익형 부동산에 투자하려는 수요가 크게 늘었다. 지하철역 접근이 쉬운 도심권 중소형 상업용 빌딩이나 상가, 오피스텔 같은 수익형 부동산에 관심이 큰 편이다. 2008년 금융위기 이후 집값 상승에 대한 기대감이 적어진 데다 저금리 기조에 매달 임대 수익이 나오는 상품 투자를 선호하기 때문이다. 다만 최근 분양 시장이 회복하는 분위기를 연출하고 있고 2015년 내 강남 재건축 아파트 분양이 대거 예정된 만큼, 강남권 재건축 아파트로 일부 자금이 흘러들어갈 가능성도 있다.

둘째, 금융권 단기 상품으로 자금이 쏠리는 경우다. 대규모 자금을 무턱대고 부동산 상품에 투자하기 조심스러운 만큼 투자 시기를 저울질하며 수익을 올리기 위해 단기 금융상품을 활용하는 경우도 많다.

토지보상은 어떻게 진행될까. 토지보상 대상자는 LH 등 사업시행자와 양도계약을 체결하고 소유권 이전 등기를 완료한 뒤 사업시행자로부터 현금을 받으면 된다. 예외적으로 채권이나 대토로 보상받는 경우도 있다. 앞서도 언급한 바 있는 대토는 토지 소유자가 원할 때 보상금을 현금이나 채권으로 받는 대신 토지로 보상받는 것을 말하는데, 원주민 중 채권보상을 받는 사람을 우선적으로 선정한다.

현지인의 경우 전액 현금으로 지급되지만 부재지주의 경우 1억 원이 넘는 금액은 채권으로 지급받는다. 사업시행자의 재정 문제도 있고 거액의 보상금이 다시 부동산에 투자돼 부동산 가격이 급격히 오르는 것을 막기 위해서다.

토지보상금을 받을 때 세금 문제도 유의해야 한다. 먼저 보상금으로 수용 부동산 소재지나 인접 지역에서 농지를 제외한 대체 부동산을 취득할 때 취득세를 면제받는다. 마지막 보상금을 수령한 날부터 1년 이내에 대체 부동산을 취득할 때만 가능하다. 단 보상받은 토지에 주소를 두고 있는 현지인이어야 한다는 조건이 붙는다. 다만 토지보상금을 받을 때도 양도소득세를 내야 한다는 점은 유의해야 한다. 현금으로 보상받을 경우 양도세가 20%, 보상채권 소유시에는 최대 50% 감면된다.

11조 원 규모 토지보상금을 놓고 최대 관심 지역은 수도권이 될 것으로 보인다. 2015년 전체 보상비의 약 70% 해당하는 금액이 수도권에서 풀릴 전망이기 때문이다. 다음은 대규모 토지보상금이 예측되는 수도권 주요 지역들이다.

서울 바로 밑에 자리 잡은 과천시는 강남 접근성이 좋은 데다 주거 환경이 쾌적해 재건축 아파트 투자 가치 면에서 높은 평가를 받아왔다. 규모는 크지 않지만 행정 기능을 담당하는 정부부처가 자리하고 그를 기반으로 부동산 수요가 유입되면서 한때 '제2의 강남'이란 별명도 붙었다. 기획재정부 등 정부부처가 세종시로 이전하면서 집값이 급락한 때도 있었지만 기존 공무원들이 떠난 자리를 다른 정부기관이 메우면서 금세 분위기가 회복됐다.

이런 과천에 토지보상금 호재가 하나 더 생겼다. 지난 2014년 6월 LH는 5차 보금자리주택지구로 지정된 과천시 갈현동과 문원동 일대에 과천지식정보타운의 토지 보상 공고를 냈다. 계획 승인 당시 국토교통부가 책정한 토지보상금 규모가 1조 원이 넘었다. 이 중 보상 계획에 포함됐다가 미뤄진 과천지식정보타운(8,000억 원)이 곧 보상에 착수할 것으로 보인다.

과천시는 또한 그린벨트 규제가 완화되면서 과천지식정보타운, 복합문화관광단지, 화훼단지 등 55만여 평의 과천 3대 부동산 개발 사업지에 관심이 높아진 상태다. 여기에 복합문화관광단지 개발을 위한 롯데그룹 투자 유치로 땅값 상승 기대감이 더해지면서 과천시 내 개발제한구역(그린벨트) 땅값도 최근 2년 새 2배 가까이 뛰었다는 게 현지 중개업자들의 귀띔이다.

앞서 과천 재건축 얘기를 왜 했는가 하면, 토지보상금 성격상 절반가량은 과천시 내 땅이나 재건축 아파트에 재투자될 가능성이 높아서다. 실제로 한때 급락했던 과천시 내 아파트값은 최근 2년여 새 다시 상승세로 돌아섰는데 한국감정원에 따르면 과천시 내 아파트값은 2013년 1.88%, 2014년 4.33% 씩 올랐다.

물론 토지보상금 규모만 놓고 과천 부동산 전체가 호황을 누릴 것이라고 예단하기에는 무리가 있다. 핵심 개발 사업들이 초기 추진 단계라 투자 기간이 불확실하고 이미 시장 기대감이 부동산 가격에 반영됐다는 분석도 있기 때문이다. 재건축 아파트들도 가격이 오르기는 했지만 호가가 높아진 이후에는 거래가 다시 주춤한 상태다. 개발 사업이 장기화될 변수가 남아 있는 만큼 집값 동향을 살피면서 어디까지나 실수요 관점에서 접근해야 하는 이유다.

과천뿐만 아니다. 서울 강동구 고덕·강일 공동주택지구에서는 약 1조 5,000억 원 규모의 토지 보상 협의가 시작될 예정이다. 다만 보금자리주택 성격이 강한 고덕·강일지구 특성상 토지보상금은 인근 송파구 문정지구, 경기 하남시 미사강변지구 등 부동산으로 흘러들 가능성도 있다. 송파 일대에는 위례신도시를 비롯해 총 56만 ㎡ 규모의 송파 문정지구 개발이 진행 중이며 기업들의 이주로 오피스텔과 지식산업센터 시장이 주목받고 있다. 하남 미사강변지구 역시 입주가 본격화되고 신도시·택지지구 희소성이 커지면서 가치가 더욱 부각되는 중이다.

우선 서울 송파구 문정지구는 SH공사가 주체가 돼 개발하는 도시개발구역이다. 2014년 2월 '문정 도시개발구역 개발계획 변경안'이 통과되면서 총 56만㎡(약 17만 평) 규모의 미니 산업단지로 재조명받았다. 서울 동부지방법원과 동부지방검찰청, 송파구 행정

복합타운 등 공공행정시설과 지식산업센터, 오피스텔 등이 들어서는 미래형 업무단지로 개발될 계획이다.

문정지구 북쪽은 올림픽휄밀리타운이고 남쪽은 가든파이브로 이어진다. 이 외에도 인근에서 제2롯데월드, 가락시장 현대화 사업, 위례신도시 등 대규모 개발 사업이 진행 중이다. 덕분에 유동인구도 넘쳐날 것으로 기대된다. 9-2블록(2만 9,765㎡) 법조타운을 비롯해 지식산업센터 입주가 완료되면 문정지구 내 고용인구만 7만 명, 상주인구는 20만 명이 넘을 것이라는 추산이다.

이런 문정지구에서는 최근 지식산업센터와 상가 투자 열기가 한창인데 테라스가 있거나 향이 좋은 지식산업센터에는 3,000만~5,000만 원 이상의 웃돈이 붙어 있다. 아파트 매매 시장도 덩달아 상승세인데 문정동 올림픽휄밀리타운(4,494가구) 전용면적 84㎡는 2014년 초 6억 5,000만 원 안팎에 거래되다 같은 해 말 최고 7억 5,000만 원에 팔렸다. 최근엔 7억~7억 5,000만 원에 매물이 나와 있다.

하남 미사강변지구의 경우 현재 입주를 시작한 아파트는 LH가 공급한 공공분양 단지가 전부다. 2014년 6월 미사강변도시15단지를 시작으로 한 해 동안 공공분양 단지 3곳에서 3,229가구가 집들이를 했다. 2015년에는 6,622가구 입주가 예정돼 있고 2016년 4월부터 2017년까지는 미사강변푸르지오1·2차, 미사강변동원로얄듀

크, 미사강변더샵리버포레, 미사강변센트럴자이, 미사강변리버뷰자이 등 민간분양 아파트 입주가 시작된다.

미사강변지구에 공급된 아파트에는 웃돈도 꽤 붙었다. 2014년 5월 분양된 미사강변푸르지오2차에는 3,000만~5,000만 원 가까운 웃돈이 형성돼 있고, 아직 전매제한이 안 풀려서 거래는 없지만 공공 물량에도 7,000만 원, 많게는 1억 원까지 웃돈이 붙었다. 미사강변지구 입주가 속도를 내면서 LH가 최근 분양한 상업용지도 평균 160% 낙찰률에 모두 팔려나갔다.

하남시가 주목받는 이유는 한강변을 낀 쾌적한 주거환경과 대형 개발 호재 덕분이다. 녹지공간이 풍부한 데다 서울 강동구 상일동과 길 하나를 사이에 두고 맞닿아 있을 만큼 서울 생활권 입지로 통한다. 이외에 지하철 5호선 연장선 개통, 초대형 복합쇼핑몰인 하남유니온스퀘어 등 굵직한 호재들이 풍부하다. 순조롭게 개발이 완료되면 서울 고덕·강일지구와 함께 서울 동부권 핵심 주거벨트를 형성할 것으로 보인다.

# 토지 투자에
# 자금 몰리는 이유

개발 호재 뜨면 대박이지만 몇 년째 안 팔리는 애물단지 토지도 수두룩

LH가 내놓은 단독주택, 상가주택용지 투자 갈수록 관심 뜨거워

규제 대폭 풀리는 전국 그린벨트 주변 개발사업도 눈여겨볼 만해

 

 

토지는 기본적으로 장기 투자 상품이다. 개발 호재가 떴다 하면 대박이지만 그렇지 않은 경우 몇 년째 매물을 걸어놓아도 절대 팔리지 않는 애물단지이기도 하다.

그런데 최근 토지 시장을 보고 있자면 분위기가 심상치 않다. 부동산 시장 호황에도 잠잠한 듯 보였던 토지 시장이 2015년 들어서는 훈풍을 맞고 있다. 호재가 풍부한 지역을 중심으로 땅값과 거래량이 연일 상승세인 데다 건설사뿐 아니라 개인 투자자들까지 토

지 확보 경쟁에 뛰어드는 모습이다.

사실 땅값 오름세는 2010년부터 계속됐다. 국토교통부에 따르면 2015년 1분기 전국 땅값이 2014년 말 대비 3개월 만에 0.48% 올랐다. 물론 0.5%도 안 되는 상승률이 체감 가능한 정도는 아니다. 하지만 2010년 11월 이후 53개월째 오름세라는 데 의의가 있다. 덩달아 토지 거래도 늘었다. 2015년 1분기 동안 69만 5,825필지에서 손바뀜이 일어났다. 2006년 집계가 시작된 이후 1분기 거래량으로는 가장 많다.

일단 큰물에서는 사업용 부지를 확보하려는 건설사 간 경쟁이 치열하다. 2015년 4월 14일 경기 화성 동탄2신도시 공동주택용지 A97블록 추첨 입찰에 209개 건설사가 뛰어들었다. 바로 옆 A98블록은 한 건설사가 28대 1의 경쟁률을 뚫고 매입에 성공했다. 한때 '미분양 무덤'이란 오명을 썼던 김포 한강신도시의 경우 2015년 3월 부지 입찰에서 140곳의 건설사가 몰렸다. 하남 미사강변지구 상업용지 낙찰 경쟁도 뜨겁다. 2015년 3월 21개 필지에 대한 입찰 결과 평균 낙찰가율이 160%에 달했다. 이곳 21개 필지에만 총 4,788억 원이 쏟아졌다.

지방도 마찬가지다. 아파트 733가구를 지을 수 있는 광주광역시의 한 공동주택 용지는 2015년 3월 입찰에서 예정가 294억 3,054

## 2015년 1분기 전국 지가변동률

(변동률: 전기 대비)

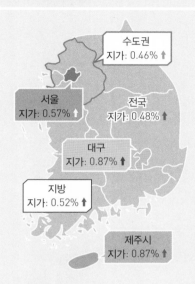

수도권
지가: 0.46% ↑

서울
지가: 0.57% ↑

전국
지가: 0.48% ↑

대구
지가: 0.87% ↑

지방
지가: 0.52% ↑

제주시
지가: 0.87% ↑

## 최근 3년 지가 변동률 비교

(단위: %)

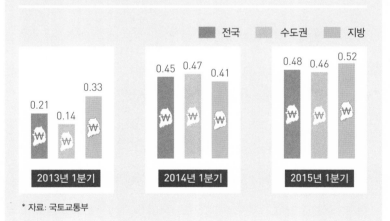

전국   수도권   지방

0.21   0.14   0.33

2013년 1분기

0.45   0.47   0.41

2014년 1분기

0.48   0.46   0.52

2015년 1분기

\* 자료: 국토교통부

만 원의 두 배가 넘는 647억여 원을 써낸 한 중견 건설회사에 돌아갔다. 이 용지에는 총 13개 건설사가 입찰에 참여했는데, 땅을 낙찰 받지 못한 건설사들도 예정가의 150%를 웃도는 금액을 써낸 것으로 알려졌다.

한국토지주택공사(LH)에 따르면 2015년 1분기 입찰 방식으로 진행된 공공택지 지구 내 주상복합 용지는 평균 139%의 낙찰가율(감정가 대비 낙찰가 비율)에 주인을 찾았다. LH가 원래 팔고자 했던 가격보다 39% 더 비싸게 팔렸다는 의미다. 2014년 같은 기간 낙찰가율(102%)이 100%를 겨우 넘겼던 것과는 대조적이다. 토지가 인기를 끌면서 2014년 LH가 공급한 토지 판매금액은 2013년보다 47.4% 늘어난 20조 원을 웃돌았다. 2015년 3월 한 달 토지 판매 실적만도 3조 원을 넘어섰다.

작은 물(?)에선 LH가 2015년 분양에 나선 단독주택, 상가주택 용지에 대한 개인 투자자들 관심이 꾸준하다. 2015년 4월 중순 LH가 경기 의정부 민락2지구에 내놓은 13개 필지에는 총 3,416명의 신청자가 몰려 모든 필지가 팔렸다. 이 가운데 임대수익을 기대할 수 있는 점포겸용 단독주택 용지는 평균 307대 1의 높은 경쟁률을 기록했다. 민락천을 끼고 있는 필지가 특히 인기를 끌었다.

지방에서도 마찬가지다. 같은 달 강원도 원주기업도시에서 공급된 점포겸용 단독주택 용지는 85필지에 8만 9,000여 명이 응찰해 평균 1,050대 1의 경쟁률을 기록했다. 2015년 3월 LH가 분당에서 개최한 신도시 주택 용지 투자설명회에도 수천 명이 관심을 보였다.

경매시장에서도 단연 토지가 인기다. 지지옥션에 따르면 2015년 1분기 경매시장에서 토지 낙찰가율은 64.6%로 1년 전 같은 기간에 비해 3.8%포인트 상승했다. 토지 낙찰가율은 4년 전인 2011년 1분기 70.6% 고점을 찍은 이후 계속 하락세를 보이다 2014년 1분기부터 상승세로 돌아섰다. 평균 응찰자 수가 증가한 것은 물론이다.

눈길을 끄는 건 요즘 토지 시장에선 주거용지를 중심으로 상승세가 두드러진다는 점이다. 2015년 1분기 주거용 토지 거래량(36만 5,264건)은 2014년보다 17%가량 늘었다. 아파트 분양 시장이 호황을 이루면서 주거용지, 상업용지 순으로 투자 수요가 몰렸다는 분석이 가능하다. 개인 투자자 입장에서도 시중은행 금리가 낮아지다 보니 장기 투자나 실수요를 목적으로 토지를 매입하는 경우가 늘었다.

택지 내 주택 용지는 최근 전문가들이 꼽는 유망 투자처다. LH가 공급하는 주택 용지는 공급량이 많지 않고 도심지 내 기존 용지보다 저렴하게 분양돼 투자 가치가 높다. 정부가 2017년까지 대규모 택지 개발을 중단하겠다고 발표한 터라 택지지구 내 토지 희소 가치가 더욱 높아졌다.

택지 내 주택 용지는 크게 주거전용 단독주택 용지와 점포겸용 단독주택 용지로 나뉜다. 실제 거주하면서 임대 수익도 노릴 수 있고, 지가 상승에 따른 매각 차익도 얻을 수 있는 점포겸용 단독주택 용지 인기가 높은 편이다. 점포겸용 단독주택 용지는 건물을 3~4층까지 올리고 본인이 거주하는 면적을 제외한 나머지를 원룸, 투룸 또는 층 전체 단위로 임대할 수 있다.

택지 내 주택 용지를 분양받을 때에는 대도시 접근성이 좋은지, 성장 가능성이 높은 곳인지 잘 따져봐야 한다. 주택 용지는 입지에 따라 투자가치가 엇갈리고 선호지역과 비선호 지역 간 격차도 큰 편이다. 선호도가 높지 않은 지역 토지에 투자하면 분양가보다 높은 가격에 매각하기도 쉽지 않으니 주의해야 한다. 그렇다고 무턱대고 청약 경쟁률이 높은 곳에 투자하는 것도 위험하다. 입찰 경쟁이 과열되면 분양가격이 지나치게 높아지기 때문이다.

물론 공공 택지 내 토지만 고집할 필요는 없다. 택지 이외 토지에 투자할 경우 토지 보상을 받을 목적으로 땅을 구입하고 보상 차익을 기대하는 방법이 가장 무난하다. 개발 예정지나 도로 개통 예정지 등 수용이 예상되는 지역의 땅을 싸게 구입해서 수익을 챙기는 경우다. 최근엔 제2경부고속도로, 제2서해안고속도로 개통 소식이 들리면서 경기 용인시, 동탄1·2신도시, 세종시, 송도, 평택이 주목받았다. 전남 나주, 경남 진주 등 지방 혁신도시 일대에서는 신규 KTX 역세권을 중심으로 개발 기대감이 크다.

개발제한구역(그린벨트) 해제가 예상되는 지역에 미리 투자하는 것도 방법이다. 정부는 30만㎡ 이하 중소 규모 그린벨트는 시·도지사에게 해제 권한을 위임할 방침이다. 그동안 그린벨트는 규모에 관계없이 국토교통부 중앙도시계획위원회 심의를 거쳐 국토부 장관이 해제 여부를 결정했지만 앞으로는 해당 지자체에서 결정할 수 있게 됐다. 환경 보전 필요성이 낮은 곳은 지자체 판단으로 개발하는 것을 허용하겠다는 취지다. 인허가 기간도 2년에서 1년으로 단축된다.

이번 규제 완화로 2020년까지 국토 면적의 3.9%(3,862㎢)에 달하는 그린벨트 중 233㎢의 개발이 가능해질 것으로 국토부는 예상했다. 국토부 관계자는 "수도권은 주택단지, 지방은 산업단지 개발을 위한 해제 수요가 많을 것"이라고 전했다. 정부가 1971년 그린벨트를 도입한 이후 무려 반세기 만에 규제 수술에 나선 셈이다.

이번 조치로 지자체마다 추진해온 개발 사업에 상당한 탄력이 붙을 전망이다. 그린벨트는 도심과 가까워 입지가 좋은 반면 땅값은 저렴해 각종 개발 사업을 추진할 때 유용하다. 지역별로는 행정

면적의 80% 이상이 그린벨트로 묶인 경기 하남, 과천, 광명시 일대
가 수혜를 입을 전망이다. 부산, 대구, 광주 등 기존 시가지와 붙어
있는 그린벨트 해제지역 개발 속도도 빨라질 것으로 보인다.

　다만 보상 차익이나 그린벨트 해제 호재를 노리고 토지에 투자
하려면 어디까지나 장기적인 관점에서 접근해야 한다는 조언이 뒤
따른다. 확정되지 않은 개발 계획도만 믿고 투자하는 건 여전히 위
험하다. 개발계획이 확정된 이후에는 이미 땅값이 많이 올랐기 때
문에 적절한 투자 시기를 결정하기가 쉽지 않다. 그린벨트의 경우
소문만 무성한 해제 예정지보다는 이미 해제된 곳을 중심으로 투
자하는 게 투자 위험을 줄이는 방법이다.

　토지만의 특징도 염두에 둬야 한다. 토지는 아파트와 달리 주변
시세를 파악하기 어렵고, 파악했다 하더라도 입지에 따라 토지 가
치가 천차만별이다. 때문에 적정 가격을 매기기가 쉽지 않다. 토지
는 아파트나 상가보다 환금성이 떨어지기 때문에 투자금액, 보유
기간을 감안해 중장기적인 관점에서 접근하는 것이 좋다. 같은 맥
락에서 무리한 대출을 안고 투자하는 것은 금물이다.

　또한 최근 토지 투자 추세가 시세차익에서 개발이익으로 바뀌고
있다는 점도 기억하자. 더불어 땅의 용도와 필지 형태, 시장 가격과
발전 가능성 등에 대해 꼼꼼하게 검증을 거칠 필요가 있다. 무엇보
다 반드시 현장에 직접 나가보고 입지를 따져보는 건 기본이다.

PART
05

# 매매보다
# 경매가
# 낫다?

# 계절을 타는 경매

경매의 기본이자 매력은 급매물보다 싸게 낙찰받는 것

경매 3대 지표 낙찰가율과 낙찰률, 입찰경쟁률 주목해야

통상 1~2월 중 낙찰가율이 가장 낮다는 점은 기억해둘 만

주식 투자든 부동산 투자든 투자는 '타이밍'이 생명이다. 부동산 경매 투자도 마찬가지다. 연중 경매 물량과 낙찰가율이 수시로 오르내리니 입찰 시기를 정하기 쉽지 않다.

경매의 기본이자 매력은 급매물보다 싸게 낙찰 받는 것이다. 부동산 경기가 좋아 경쟁이 치열한 시기에는 낙찰가가 상승하면서 수익률이 급격히 떨어진다. 따라서 경매에서 최대 수익을 올리려면 저렴하게 낙찰 받을 수 있는 시기를 잘 골라야 한다. 경쟁이 치

열하지 않은 시기에 우량 물건을 남들보다 저렴하게 낙찰 받아야 경매 투자에서 성공했다고 볼 수 있다.

그렇다면 경매 투자하기 좋은 계절은 언제일까. 경매 시장의 3대 지표인 낙찰가율과 낙찰률, 입찰경쟁률, 또 그 외 통계 지표들을 잘 살피면 적절한 투자 타이밍을 정하는 데 힌트가 될 수 있다. 대법원 법원경매정보 홈페이지(www.courtauction.go.kr)나 사설 경매정 보업체들의 홈페이지에서 연도별, 법원별, 지역별, 용도별 통계를 쉽게 확인할 수 있다. 경매정보업체들은 주간 단위, 또는 최근 한 달에서 1년까지 낙찰가율과 유찰 횟수, 건별 입찰 경쟁률 등을 자 세히 소개해 놓았다.

낙찰가율은 감정가 대비 낙찰가 비율이다. 낙찰가율이 높을수록 경매 물건에 대한 평가치가 높다는 뜻도 되지만, 그만큼 경매에서 경쟁이 치열했다는 의미로도 통한다. 낙찰가율이 떨어지는 시점은 경매 투자 수요가 줄어 경매에 나온 물건이 값싸게 낙찰되는 때다. 업무·상업시설보다는 아파트 같은 주거시설 낙찰가율이 전국적으 로 훨씬 높은 편인데 지지옥션에 따르면 전국 아파트 경매 낙찰가 율은 2014년 7월 이후 꾸준히 상승하고 있다. 2014년 7월 전국 아 파트 낙찰가율은 86.1%이고 2015년 3월은 91.7%, 4월은 90.2% 였다. 인기지역 아파트의 평균 낙찰가율이 70~80%대로 내려서면 실수요자에게는 낙찰을 시도해볼 만한 시기라고 생각하면 된다.

낙찰률은 경매 물건 대비 낙찰건수다. 낙찰률이 70%라면 10건의 매물 중 7건이 낙찰됐다는 뜻이다. 낙찰률이 떨어지는 시기는 경매 물건이 시장에 나와도 잘 팔리지 않는 때라고 보면 된다. 이 수치가 올라가면 그만큼 경매에 참여하는 사람이 많다고 보면 된다.

입찰 경쟁률, 또는 평균 응찰자 수는 경매 물건 당 몇 명이 입찰에 몰렸는가를 나타내는 지표다. 이 지표를 보면 경매 물건이 얼마나 인기 있었는지 한눈에 확인할 수 있다. 예를 들어 입찰에 부쳐진 아파트에 20명 이상이 입찰 경쟁을 벌였다면, 그 아파트는 '착한 가격'에 낙찰되지 않았을 가능성이 크다. 시세보다 되도록 싸게 낙찰 받아야 남는 장사인 경매 시장에서는 사람이 많이 몰릴수록 유리할 게 없다.

경매 시장에 나온 물건이 많을수록 우량 부동산을 싸게 낙찰 받을 가능성이 높아진다. 이 땐 진행건수를 보면 된다. 물건이 늘면 낙찰가율이 하락하고 그만큼 싼 물건을 낙찰 받을 수 있다. 유사한 경매물건이 많으면 그만큼 경쟁자들이 분산되니 더욱 좋다. 불황기일수록 담보대출 연체가 늘어나면서 시장에 나오는 물건이 많아진다.

실제 경매 입찰에 참여할 때는 용도별, 지역별로 세분화된 통계를 활용하는 것이 더 정확한 분석이겠지만, 다음 표를 예를 들어 보자.

## 전국 경매 관련 지표

(단위: 건, %)

| | 진행건수 | 낙찰건수 | 낙찰률 | 낙찰가율 | 평균 응찰자 수 |
|---|---|---|---|---|---|
| 2014년 1월 | 17,602 | 6,177 | 35.1 | 69.3 | 4.1 |
| 2월 | 16,797 | 5,943 | 35.4 | 68.6 | 4.3 |
| 3월 | 18,179 | 6,390 | 35.2 | 67 | 4.1 |
| 4월 | 18,296 | 6,702 | 36.6 | 71.3 | 4 |
| 5월 | 16,187 | 5,665 | 35 | 69.3 | 3.7 |
| 6월 | 17,699 | 6,285 | 35.5 | 71.2 | 3.6 |
| 7월 | 17,010 | 6,158 | 36.2 | 69.4 | 3.9 |
| 8월 | 15,504 | 5,614 | 36.2 | 69 | 4.2 |
| 9월 | 17,131 | 6,275 | 36.6 | 70.3 | 4.1 |
| 10월 | 15,684 | 5,946 | 37.9 | 72 | 4.1 |
| 11월 | 14,528 | 5,085 | 35 | 72 | 4 |
| 12월 | 16,922 | 5,740 | 33.9 | 72.2 | 3.8 |
| 2015년 1월 | 13,948 | 5,064 | 36.3 | 69.2 | 4 |
| 2월 | 12,232 | 4,669 | 38.2 | 72.2 | 4.4 |
| 3월 | 14,514 | 5,486 | 37.8 | 68.9 | 4.5 |

\* 주거시설, 업무상업시설, 토지, 공업시설 대상
  자료: 지지옥션

지난 2014년 한 해 동안 전국에서 법원 경매 물건이 가장 많이 나온 때는 3월(1만 8,179건)~4월(1만 8,296건)이었으나 낙찰가율이 가장 낮은 때는 3월(67%)이었다. 이어 6월(1만 7,699건), 1월(1만 7,602건) 등 순이었다. 4월은 낙찰가율이 71.3%로 2014년 평균(70.1%)보다 높은 편이니 제외하고, 3월이 경매 입찰에 참여하기 좋은 때라는 결론이 나온다. 3월 입찰 경쟁률은 연평균 수준이다.

반대로 연중 아파트 경매 물건이 가장 적고 낙찰가율도 높았던 때는 11월(1만 4,528건, 72%)이라는 것을 알 수 있다. 또 2015년 1분기는 2014년 같은 기간과 비교해 경매로 나온 물건도 훨씬 적어지고, 낙찰가율도 대폭 올랐다는 사실을 확인할 수 있다. 이때는 1년 전보다 값싸게 경매 물건을 낙찰받기 어려운 시기로 풀이된다. 2015년 3월엔 평균 응찰자수도 4.5명으로 2014년 평균(4.0명)보다 높았다.

매년 지표가 오르내리는 추이를 유심히 지켜봐야겠지만 법원 경매 시장은 통상 연초 1~2월 중 낙찰가율이 가장 낮다는 점을 기억해두면 좋다. 이왕 경매를 염두에 둔다면 연초 물량을 노려보는 게 좋다는 의미다.

2014년 중 낙찰률이 가장 높은 시기는 10월로 경매에 나온 물건의 37.9%가 주인을 찾았다는 의미다. 또 4월과 9월이 36.6%, 7월이 36.2%였다. 또한 낙찰률이 가장 저조한 때는 12월로 33.9%에 불과했다.

그런데 단순히 경매 지표들만 보고 입찰 시기를 판단하는 게 바람직할까. 결론부터 얘기하면 '아니오'다. 일례로 2008년 금융위기 이후 부동산 가격이 폭락했을 때 과감하게 경매시장에 뛰어든 투자자들은 예상보다 빠른 가격 회복에 쾌재를 불렀다. 반면 부동산 가격이 급등한 시기에 고가 낙찰을 받은 투자자들은 지금쯤 고배를 마시고 있을 것이다.

주택 가격이 오르고 내리기를 반복하며 불확실성이 커지는 시기는 단기 투자자들에게는 천당과 지옥을 오르내릴 시기다. 최근 부동산 시장이 회복세를 이어가고 있는 가운데 일부 지역에선 낙찰가율 100%가 넘는 가격에 경매 물건을 낙찰 받는 사례가 속출하고 있다. 이러한 투자 열기를 타고 호가가 감정가에 고스란히 반영되기도 하는데, 여전히 치열한 경쟁률에도 불구하고 거래가 막혀 사실상 물건을 되파는 데 어려움을 겪기도 하는 이유다.

따라서 부동산이 저평가돼 있으며 앞으로 가격이 오를 것 같다 판단되는 시기에는 경매 투자에 나서되, 응찰 전 낙찰 받고자 하는 물건과 주변 지역 시세를 꼼꼼히 살펴 입찰가를 써내는 것이 좋다.

또 통상 감정가 책정은 매물이 경매에 나오기 최소 3~6개월 전에 이뤄진다. 따라서 감정가 혹은 최저 경매가와 현재 실거래가를 확인하고 입찰에 나서야 한다. 그사이 아파트 시세가 떨어져서 감정가격이 실거래가보다 비싸졌다면 경매에 참여하는 의미가 없다. 반대로 감정가보다 시세가 올랐다면 낙찰 받은 후 기대할 수 있는 시세차익이 커진다.

또한 '금리와 부동산은 반비례 관계'라는 점도 염두에 두고 금리 변화를 유심히 살필 필요가 있다. 금리 상승기에 부동산 가격이 떨어지고 금리가 내려가면 떨어진다는 간단한 원리에서다.

예를 들어 과거에 집을 산다면 저축한 돈에 전세금을 보태도 충분했지만 지금은 주택 구입 시 대출 의존도가 높아져 시중 금리는 부동산 가격과 더욱 밀접해졌다. 금리가 낮을 때는 일반적으로 부동산 구입을 앞당기거나 사들이는 시기다. 금리 변동 폭에 따라 차이가 있겠지만 금리가 낮을 땐 통상 경매 물건은 줄어들고 응찰자 수는 많아진다. 이런 시기일수록 고가 낙찰을 경계해야 한다.

# 셀프 경매냐,
# 컨설팅이냐

컨설팅업체 전문성·신뢰성 없으면 나만 '호갱님'

경매펀드 투자해 수익 배당받는 것도 방법

이중 삼중 검증 과정 통해 사기성 컨설팅 피해야

"제가 경매에 대해 아는 게 전혀 없는데 직접 입찰에 나서도 될까요?"

"괜찮아 보이는 아파트가 경매로 나온다는데 입찰가격은 얼마를 써내는 게 좋을까요?"

취재원을 만나는 자리나 사석에서 지인을 만날 때 자주 받는 질문이다. 수 년째 부동산 현장을 누비고 다녔지만 이런 질문에는 뭐라고 대답을 해야 할지 여전히 고민스럽다. 물건에 따라, 권리분석상 하자가 있느냐에 따라, 또 미리 내다볼 수 없는 입찰 경쟁률에 따라 변수도 천차만별이지만, 또 일개 부동산 기자가 적정 입찰가를 '쪽집게 도사'처럼 찍어주기란 적절치 않아서다.

최근 금리가 낮아지고 부동산 투자에 나서는 사람들이 많아지면서 부동산 경매에 대한 관심도 부쩍 커졌다. "평균 낙찰가가 시세보다 30% 싸네", "같은 직장 아무개가 아파트를 시세의 80%에 낙찰 받았네" 하는 얘기들을 듣다 보면 관심이 더 가는 것도 당연하다. 그러나 의외로 경매 절차가 복잡해 보여 망설이거나, 경매 방법을 몰라 이내 포기하는 경우가 많다.

일반인들에게도 부동산 경매 투자 매력이 많이 알려지면서, 아무런 공부 없이 경매시장에 뛰어들었다가 경매 입찰장에서 뜻하지 않은 실수를 범하기도 한다. 경매 투자에 뛰어들 생각이라면 적어도 스스로 수익률 계산, 입지 평가, 권리분석부터 현장답사, 명도까지 공부해두는 게 필수다. 여전히 부동산 경매가 생소하고 어려운 사람들은 경매컨설팅업체에 의뢰를 하기도 하는데, 지나치게 높은 가격에 매물을 낙찰 받아 오히려 손해를 봤다는 속앓이도 종종 전해 듣는다.

일반적으로 부동산 경매는 법원에서 진행하는 부동산 경매를 뜻한다. 돈을 빌려간 사람(채무자)이 돈을 갚지 못하면 돈을 빌려준 사람(채권자)은 법의 도움을 받게 된다. 법원이 채무자의 담보물을 강제적으로 매각해 대신 돈을 받아주는데, 이 과정이 흔히 말하는 법원 경매다.

법원 경매를 통해 부동산에 투자하는 방법은 크게 세 가지로 나뉜다.

가장 대표적인 방법은 경매 시작부터 끝까지 투자자가 직접 실행하는, 일명 '셀프 경매'다. 여기서 시작부터 끝이라 함은 입찰에 나설 물건을 정하는 것부터 권리분석, 현장답사, 낙찰, 명도까지 법원 경매의 모든 과정을 말한다. 투자자가 직접 나서는 만큼 경매에 대한 기본적인 이해와, 절차에 대한 지식이 수반돼야 한다. 경매 물건에 대한 정확한 정보수집력과 투자가치를 가늠하는 분석력도 요구된다.

셀프 경매는 우량 물건만 잘 취득한다면 여기서 나오는 시세차익이나 임대수익이 모두 투자자에게 100% 돌아간다는 장점이 있다. 물론 취득세, 재산세 등 경매 후 발생할 세금은 납부해야 한다. 또한 시세보다 비싸게 낙찰 받아 손해가 발생했거나 문제가 발생해도 투자자 본인이 감수해야 한다. 기본적으로 본인 명의로 참여하는 경매 입찰은 철저하게 '자기책임'이란 점을 명심해야 한다.

두 번째로 경매 절차 중 일부나 전체를 컨설팅업체에 의뢰하는 방법도 있다. 이땐 물건의 선정이나 낙찰, 명도 등 법원 경매 절차

중 일부 또는 전체를 컨설팅업체나 대리인이 대행하고 투자자는 이에 따른 수수료를 컨설팅업체나 대리인에게 지급한다. 컨설팅업체는 낙찰을 성사시킨 뒤 수수료를 받는 구조로 운영되는데, 통상 감정가의 1% 이하 내지는 낙찰가의 1.5% 내에서 정해진다.

컨설팅업체를 통한 입찰은 경매 절차에 정확한 지식과 풍부한 경험을 가진 전문가의 조언을 받는 만큼 낙찰에 실패할 확률을 줄일 수 있다. 다만 컨설팅업체의 역할이 막중하다. 그만큼 컨설팅업체가 제대로 된 실력을 갖췄는지, 신뢰할 만한 업체인지 검증할 필요가 있다. 또한 매수신청이나 입찰신청을 대리할 사람은 법원에 매수신청대리인으로 등록돼 있어야 하는데 이는 변호사와 법무사, 공인중개사만 가능하다는 점도 기억해야 한다.

경매펀드를 통해 부동산 경매에 간접 투자하는 방법도 있다. 부동산 펀드의 한 종류인 경매 펀드는 부동산 경매 공매에 투자하는 펀드인데, 부동산·금융·세제·펀드 전문가들이 경매물건을 선정하는 것부터 낙찰, 운용에서 최종 매각까지 경매 과정 전체를 전담한다. 경매펀드에 투자한 투자자가 운용 수익이나 매각 차익 등에서 나오는 수익을 배당받는 방식이라고 생각하면 된다. 전문가들이 경매의 모든 과정을 진행하는 만큼 보다 전문적인 분석과 운용이 가능하다는 장점이 있다.

경매에 익숙하지 않은 초보 투자자에게는 두 번째로 소개한 경매전문 컨설팅업체의 도움을 받는 편이 여러모로 유리할 수 있다. 낙찰자 입장에선 머리 싸매고 직접 입찰을 진행할 바에 컨설팅업체에게 도움을 받는 게 시간과 노력을 줄이는 방법일 것이다. 하지만 컨설팅업체에 맡겼어도 이들에게 전적으로 의지하는 건 곤란하다.

경매컨설팅은 기본적으로 수수료를 목적으로 하는 업종이지 투자자(의뢰인)의 이익이 목적이 아니다. 수수료를 받는 것은 의뢰인이 해당 부동산을 낙찰 받았을 때 얘기다. 낙찰가의 일정 비율만큼을 수수료로 받게 되니 컨설팅업체 입장에서는 의뢰인이 최대한 비싼 금액에 입찰하도록 권유하려는 유혹에 빠질 가능성도 크다.

의뢰인이 바보도 아니고 낙찰가가 너무 높으면 금세 눈치를 채지 않을까. 의외로 직접 현장까지 찾아가며 경매물건을 확인하는 의뢰인은 그리 많지 않다. 물론 "입찰가를 너무 높게 써내는 것 아니냐"고 항의하는 의뢰인도 있다. 이렇게 되면 두둑한 보수를 챙기기 쉽지 않아진다. 여기서 일부 경매컨설팅업체들은 의뢰인의 항의를 피하고 수수료도 쉽게 받기 위한 꼼수를 쓴다. '입찰 들러리'를 동원하는 것이다.

예를 들어 최저 경매가가 10억 원인 아파트가 경매물건으로 나왔다고 하자. 여기서 컨설팅업체는 의뢰인에게 "입찰가로 적어도

15억 원 정도는 써내야 한다"고 제안하고, 뒤로는 입찰 들러리를 세워 근소한 차이인 14억 9,000만 원, 14억 9,500만 원의 액수를 써내게 한다. 물건을 낙찰 받았는데 차 순위 입찰가가 9억 원인 게 들통나면 비난의 화살을 피해갈 수 없을 테니까. 이런 내막을 알 리 없는 의뢰인은 고작 500만 원 근소한 차이로 낙찰 받은 것에 기뻐하고 흔쾌히 1.5% 수수료를 떼어주게 된다. 컨설팅업체 중에는 만약의 경우를 대비해 입찰 들러리를 여러 명 더 세우기도 한다. 업체 입장에서는 마지막에만 낙찰 받지 않으면 입찰 들러리 몇 명 더 세우는 건 돈 드는 일이 아니다.

문제는 이런 공공연한 관행에도 불구하고 사기성 컨설팅을 적발하기가 쉽지 않다는 점이다. 내 머리 아프지 말자고 의뢰한 컨설팅업체를 고소하는 바람에 더 골치 아파질 수 있다만 이걸 어찌 업체들만의 잘못이라고 할 수 있겠는가. 업체의 눈속임에 쉽게 현혹되지 않으려면 투자자 스스로 입찰 통계, 부동산 실거래가를 이중삼중의 검증 과정을 거쳐 확인하고 충분한 사전 지식을 갖추는 게 필요하다.

# 경매로 상가 투자하기

저금리에 권리금 부담 없어 날로 인기

상권 분석하고 관리비 체납 여부 확인해야

수익률 떨어뜨리는 고가 낙찰은 절대 금물

지난 2015년 3월 인천 서구 심곡동에서는 감정가 3억 5,000만 원의 한 상가 건물이 감정가보다 6배 가까이 되는 금액에 낙찰돼 화제를 모았다. 3월 9일 인천지방법원에 경매로 나온 이 상가는 모두 54명이 입찰에 참여한 가운데 낙찰가율이 572%에 달해 최종 20억 원에 주인을 찾았다. 낙찰자는 물론 2등과 3등 응찰자도 감정 가의 3배가 넘는 13억 3,000만 원, 10억 1,690만 원을 각각 써냈다.

정부의 상가 권리금 보호대책이 발표된 2014년 9월 24일. 이날 서울중앙법원에서 경매로 나온 서울 신사동 가로수길 2층짜리 상가 겸용 근린주택은 감정가의 130%인 101억 1,110만 원에 낙찰됐다. 역대 근린주택 낙찰가 중 가장 높은 금액에 주인을 찾았다. 한 번도 유찰되지 않은 신건인데도 3명이 입찰에 뛰어들어 금세 팔려 나갔다.

저금리 기조가 계속되면서 매월 임대 수익을 올릴 수 있는 수익형 부동산 투자가 주목을 받다 보니 부동산 경매 시장에서 상가가 '귀하신 몸'이 됐다.

지지옥션에 따르면 2014년 전국 업무·상업용 부동산 경매 건수는 3만 5,163건으로 전년(3만 8,862건) 대비 9.5% 줄었다. 같은 기간 경매 시장에서 업무·상업용 부동산의 낙찰가율은 3%포인트 올라 63.8%를 기록했다. 입찰 경쟁률을 나타내는 응찰자 수는 건당 평균 2.8명에서 2.9명으로, 서울의 경우 3명에서 3.2명으로 늘어났다. 업무·상업용 부동산 경매 물건이 적어지면서 입찰 경쟁률이 더 높아졌다는 의미로 해석할 수 있다.

경매 건수별로 보면 감정가보다 높은 가격에 낙찰되는 이른바 '고가낙찰'도 속출했다. 2015년 2월 26일, 서울중앙지법에서 경매가 진행된 성북구 보문동의 한 근린상가는 12억 원에 낙찰됐는데, 경

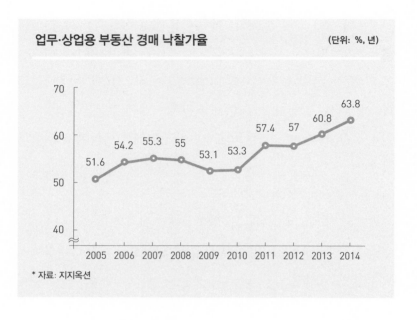

업무·상업용 부동산 경매 낙찰가율 (단위: %, 년)

51.6 54.2 55.3 55 53.1 53.3 57.4 57 60.8 63.8

2005 2006 2007 2008 2009 2010 2011 2012 2013 2014

* 자료: 지지옥션

매 시장에 나왔을 당시 감정가가 9억 6,633만 원이었던 물건이다. 낙찰가율이 120%를 훌쩍 넘었다. 같은 달 서울중앙지법에서 경매가 진행된 중구 남창동의 2.5평 남짓한 지하상가는 감정가 7,000만 원보다 두 배 이상 비싼 1억 5,010만 원에 새 주인을 찾았다.

상가 경매는 경매로 낙찰 받은 상가가 권리금 부담에서 비교적 자유롭기 때문에 인기가 높다. 상가를 직접 매입할 때는 '권리금 승계 의무'가 있지만 상가 경매에는 거의 적용되지 않는다. 경매 상가

## 상가 투자 방법과 장·단점

| | 상가를<br>경매로 낙찰받을 경우 | 상가를<br>신규 분양받을 경우 | 기존 상가를<br>직접 매입할 경우 |
|---|---|---|---|
| 장<br>점 | 권리금 승계의무 없고 시세보다 저렴한 가격에 낙찰 가능 | 상권 형성 초기에 들어가면 배후수요를 선점하기에 유리 | 높은 임대수익 나오는 우량상권 파악 가능 |
| 단<br>점 | 공실 위험 있고 유치권 등 기존 권리 설정된 경우 많아 | 상권 형성까지 적어도 2~3년 걸리고 그 과정에 변수 많아. 분양가 거품 가능성도 | 상가건물임대차보호법에 따른 권리금 리스크 |

의 경우 대부분 금융회사의 1순위 근저당권이 설정돼 있는데, 1순위 근저당이 걸려 있는 상가가 경매 시장에서 거래된 경우 기존 임차인은 권리금과 대항력(기존 임대차계약을 주장할 수 있는 권리)을 인정받지 못한다. 경매로 건물주가 바뀌면 임차인과 관련된 후순위 권리는 모두 소멸되기 때문이다. 경매로 임차권 자체가 없어지는 만큼 권리금 회수에 대한 임대인의 협력의무도 해당사항이 없다.

부동산태인에 따르면 지난 2014년 1~3분기 동안 경매에서 낙찰된 전국 근린상가 2,150개 중 1순위 근저당이 걸려 있는 경우는 1,643건(76.4%), 기타 가등기·가압류된 경우는 288건(13.4%)으로 전체의 90%에 달했다. 임차인 권리가 1순위인 경우는 220개로 10.2%에 그쳤다. 경매에 나온 상가 10곳 중 9곳은 기존 임차인 권리금에 대한 보호책임이 없다는 의미다.

경매의 매력이 시세보다 싸게 사는 것인 만큼 매달 월세가 나오는 상가는 경매를 통해 수익률이 높아질 수 있다. 가령 (편리한 계산을 위해) 보증금 없이 월 250만 원을 받을 수 있는 시세 5억 원짜리 상가가 경매로 나왔다고 가정하자. 연 임대수익률 6%를 올리는 상가다.

경매 물건 감정가는 해당 지역 시세의 95% 정도로 책정되는 게 보통이다. 이 상가는 감정가 4억 5,000만 원 선에 경매로 나올 가능성이 높다. 감정가의 90% 선인 4억 원에만 상가 물건을 낙찰 받을 수 있어도 연 임대수익률은 7.5%까지 높아진다. 여기에 적정선에서 임대 보증금, 저금리 대출 등을 활용한다면 연 임대수익률을 더 끌어올릴 수 있다.

상가 경매에 투자할 땐 주의할 점도 한두 가지가 아니다.

첫째, 상권 분석이 중요하다. 상가는 아파트 같은 주거용 부동산과 달리 수요 예측이 쉽지 않고 상권 분석도 까다롭다. 아직 상권이 형성되지 않은 곳의 상가를 경매로 받으면 공실 위험이 클 수밖에 없다. 특히 경매로 나온 상가 중에는 상권이 죽었거나 상권 자체가 아예 형성 안 된 테마상가, 수개월간 임대가 되지 않아 경매로 나온 상가 등이 많다.

따라서 경매를 염두에 두고 있다면 이미 상권이 형성된 지역의 상가를 물색하는 것이 좋다. 경매로 낙찰 받은 상가에는 권리금 승계 의무가 적용되지 않는다고 했지만, 상권 분석 차원에서 권리금이 형성돼 있는지 살펴볼 필요는 있다. 권리금이 있는 상권은 최소한의 장사는 되는 상권이란 뜻이다.

둘째, 상가 같은 수익형 부동산은 기본적으로 시세차익이 아닌, 임대수익을 극대화해야 하는 부동산이라는 점을 잊어서는 안 된다. 상가 투자가 인기 있다는 이유로 고가에 상가를 낙찰 받는 투자자들도 더러 있는데, 이내 후회하는 경우가 대부분이다. 고가 낙찰은 투자 금액 대비 수익률을 깎아내리는 지름길이다. 직접 운영하거나 임대할 경우 장사가 잘 될지, 투자금 대비 임대료를 얼마나 받을 수 있을지를 우선으로 고려해야 한다.

게다가 경매 낙찰 후 월세를 받아낼 수 있는 상가 비율이 기대만큼 높지는 않은 편이다. 부동산태인에 따르면 2014년 법원 경매에 나온 근린상가 3,731곳 중 월세 정보가 조사된, 즉 낙찰 후 임대수익을 기대할 수 있는 경매 물건은 1,439곳에 불과해 40%가 채 안된다. 저금리에 임대 수익을 낼 수 있는 상가에 대한 관심은 높아지고 있지만 경기침체로 실제로는 투자 수익을 내기가 녹록치 않다

**경매로 나온 전국 근린상가 중 월세를 기대할 수 있는 물건 비율** (단위: %)

| 2010년 | 2011년 | 2012년 | 2013년 | 2014년 |
|--------|--------|--------|--------|--------|
| 39.87 | 37.64 | 39.06 | 42.49 | 38.57 |

* 자료: 부동산태인

는 얘기다. 따라서 알짜 상가를 낙찰 받으려면 점포의 층수, 주변 유동인구와 동선, 상가 자체의 입지, 무엇보다도 지속적으로 임차인 수급이 가능한지를 꼼꼼하게 따져봐야 한다.

셋째, 상가 경매에서는 권리분석보다는 철저한 물건 분석, 즉 가격 조사가 훨씬 더 중요하다. 권리분석은 보증금을 인수하는지, 하지 않는지만 파악하면 된다. 하지만 비슷한 매물이 많아 대략적인 시세를 예상할 수 있는 아파트와 달리 상가는 같은 지역, 같은 건물 내에서도 가격이 천차만별이다. 그만큼 현장 답사는 기본이다.

여러 번 유찰돼 가격이 저렴해진 상가 물건이라고 해도 무작정 낙찰 받아선 곤란하다. 경매로 나온 상가는 원래 여러 번 유찰되는 경우가 흔하다. 2~3회 유찰은 기본이고 10회 이상 유찰되는 경우도 있으며, 응찰자가 1~2명에 그치는 경우도 수두룩하다. 상가는 아파트와 달리 물건에 따라 가격 등락이 크다는 점을 감안해 입찰가를 산정해야 한다.

상권, 유찰 얘기가 나와서 말인데, 2014년 9월 서울 광진구 구의동 강변테크노마트 3평 남짓한 7층 상가가 경매에 나왔다가 14차례 유찰된 끝에 377만 원에 낙찰됐다. 이 점포의 감정평가액은 7,000만 원이었다. 감정가 대비 5.39%에 팔린 셈이다. 같은 층에 있는 13평짜리 점포는 15차례 유찰되는 동안 최저입찰가가 감정평가액(2억 8,000만 원) 대비 4%까지 떨어졌는데 주인을 찾지도 못했다. 일대 상권 침체가 가장 큰 원인이다. 경매의 기본이 시세보다 싸게 낙찰 받는 것이라고 해도 입찰 전 현장을 방문해보면 상권 분위기를 파악하는 데 도움이 된다.

넷째, 관리비 체납 여부도 확인해야 한다. 경매에 나온 상가는 적게는 수백만 원에서 많게는 수억 원에 이르는 관리비가 밀려 있다. 이때 연체 관리비는 낙찰자가 떠안아야 하는 경우가 대부분이다. 매수인은 밀린 관리비 중 공용부분의 원금만을 부담한다고 하더라도 수천만 원 이상 밀린 관리비는 부담될 수밖에 없다.

마지막으로 임차인과 점유자들이 시설비 투자를 이유로 유치권을 주장할 수 있다. 유치권이란 어떤 물건 때문에 그 소유자에게 받을 돈이 있는 사람이 돈을 변제받을 때까지 물건을 점유하고 타인에게 내주지 않을 수 있는 권리를 말한다. 경매를 통해 낙찰을 받았더라도 유치권을 가진 사람이 있을 경우 빚을 대신 갚아줄 수밖에 없다. 유치권은 대부분 가장 또는 허위로 판명되지만 문제는 매수인이 매각 대금 납부 시 금융기관의 경락잔금대출(법원 경매나 공매로 낙찰 받은 부동산에 대해 부족한 잔금을 대출해 주는 제도)이 어렵다는 점이다. 따라서 유치권이 신고된 물건은 자금 조달 계획을 입찰 전 꼼꼼히 세워야 한다.

# 경매만 고집 말라!
# 공매로 대박 나기

경매와 공매, 공개 입찰 경쟁 통해 매각한다는 점은 비슷해

관련법과 진행 주체 달라, 공매는 1회 유찰시 10%씩 떨어져

공매 부동산 투자의 최대 매력은 안전성과 수익성

부동산을 시세보다 싸게 취득하는 방법 중 하나로 경매는 널리
알려져 있지만 '공매'에 대해 아는 사람은 생각보다 많지 않다. 그
저 법원 경매와 비슷한, 하지만 어쩐지 법원 경매만큼 매력적인 투
자 방법은 아닐 것이라 생각하는 사람들도 있다.

그러나 경매 투자는 최근 대중화되면서 입찰 경쟁률이 부쩍 높
아졌고, 낙찰가율이 감정가를 훌쩍 뛰어넘는 물건이 속속 나오는
실정이다. 때문에 경매에서 그다지 재미를 보지 못하는 투자자들

도 많다. 공매에 눈 돌리는 이들이 많아진 배경이다. 공매는 채무자가 아닌 체납자가 국세나 지방세를 체납하고, 독촉에도 여전히 세금을 납부하지 않을 때 세무서나 지방자치단체, 국민건강보험공단 등 공공기관이 캠코에 압류한 재산을 위탁해서 매각하는 절차다.

최근 한국자산관리공사(KAMCO, 이하 캠코)에서 공매 물량이 크게 늘어 우량 부동산을 저렴하게 매입하는 수단으로 인기를 끈다. 실제로 캠코가 전자입찰 시스템 '온비드'를 통해 회원들에게 설문조사를 한 결과 공매체감지수는 1년여 간(11개월 연속) 100 이상을 기록했다. 공매체감지수가 100을 넘으면 공매 경기가 상승할 것이란 의견이 하락할 것이란 의견보다 많았다는 뜻이다. 부동산 공매 투자가 인기를 끈다는 방증이기도 하다.

경매와 공매를 같은 것으로 오해하는 이들이 많은데, 경매와 공매는 공개적인 입찰 경쟁을 통해 매각한다는 점에서는 서로 비슷하지만 여러 가지 면에서 또 서로 다르다.

우선 관련법과 진행 주체가 다르다. 경매는 대출금, 카드 연체금, 임대차 보증금 등에 의한 채무변제가 되지 않을 때 채권자의 요청으로 법원에서 진행된다. 반면 공매는 기본적으로 체납된 세금(국세, 지방세, 공과금 등)을 회수할 목적으로 공공기관이 캠코에 처분을 의뢰한다. 진행 주체가 다르다 보니 관련법도 다른데, 경매가 민

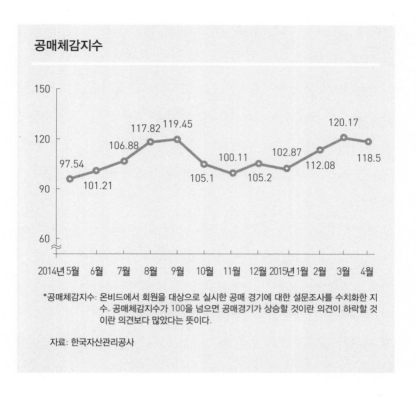

**공매체감지수**

150

120 — 117.82  119.45 — 120.17

97.54  106.88  100.11  102.87  118.5

90 — 101.21  105.1  105.2  112.08

60 ~

2014년 5월  6월  7월  8월  9월  10월  11월  12월 2015년 1월  2월  3월  4월

*공매체감지수: 온비드에서 회원을 대상으로 실시한 공매 경기에 대한 설문조사를 수치화한 지
수. 공매체감지수가 100을 넘으면 공매경기가 상승할 것이란 의견이 하락할 것
이란 의견보다 많았다는 뜻이다.

자료: 한국자산관리공사

사집행법에 근거한다면 공매는 국세징수법에 바탕을 둔다.

이런 이유로 매각 도중에 취하되는 비율도 공매가 경매보다 높
다. 경매 취하율이 20% 내외라면 공매는 절반가량이 취하된다고
보면 된다. 체납된 세금이 상대적으로 적은 경우 매각 도중 체납된
세금이 완납되는 경우가 많아서다.

입찰 방법도 다르다. 경매는 지정된 입찰일에 직접 관할 법원을

찾아가 입찰표를 작성해 제출하고, 입찰 법원에서 매각이 이뤄진다. 하지만 공매는 캠코가 운영하고 있는 온라인 전자입찰시스템(www.onbid.co.kr)을 통해 입찰이 진행된다. 전자입찰로 입찰보증금도 내고, 입찰서도 작성한다고 생각하면 된다. 특정 시간에 맞춰 입찰장에 가야 하는 불편함이 없어 훨씬 편리하다. 보통 사흘 정도의 기간을 두고 진행되므로 입찰 전 물건을 분석할 시간이 넉넉하다.

입찰 보증금, 유찰될 경우 가격이 떨어지는 저감율에서도 차이가 있다. 경매는 물건이 한 번 유찰될 때마다 20~30%씩 가격이 떨어지고, 원칙상 유찰 횟수에 제한이 없다. 하지만 공매는 1회 유찰시 10%씩 저감되며 최초 감정가격의 50%까지 떨어지면 공매 진행 자체가 중단되고 새로운 매각예정가격이 결정된다. 경매는 최저 매각가의 10%를 무조건 입찰 보증금으로 써내야 하는 반면, 공매는 입찰자가 써내는 입찰가의 10%를 보증금으로 내야 한다는 차이도 있다. 입찰보증금 측면만 보면 공매 때 부담이 더 크다고 할 수 있다.

그렇다면 공매 투자는 왜 하는 걸까. 공매로 부동산에 투자하는 가장 큰 장점은 안정적인 수익을 낼 수 있는 '물 좋은 물건'을 안전하고 값싸게 살 수 있다는 데 있다. 공매물건은 종류가 다양하지만 유입자산과 수탁재산의 경우 경매와 달리 소유권 이전 시 권리관계에 하자가 없다. 공매물건은 법원의 경매 과정을 거쳐 해당 물건에 있던 모든 복잡한 권리가 말소된 후 소유권이 이전되기 때문이다.

투자자의 자금 계획에 맞게 부동산을 고를 수도 있다. 공매는 1,000만 원 미만 금액은 매각 결정일부터 7일 이내, 1,000만 원 이상 금액은 60일 이내에 납부하면 되지만, 유입자산은 1개월에서 길게는 3년까지 나눠 납부할 수 있다. 구입자가 계약 체결 후 계약 기간 변경을 요구할 때는 최대 5년까지도 연장해 분할 납부할 수 있다. 수탁재산도 1개월에서 5년까지 분할 납부로 구입할 수 있다. 할부 구입이라고 생각하면 편하다. 이때 구입자가 납부할 능력이 되지 않으면 매매 대금을 모두 납부하지 않았어도 소유권을 변경할 수 있다. 대금의 3분의 1 이상을 납부하면 점유할 수도 있다. 다만 압류재산은 법원 경매와 절차, 과정이 비슷하다.

캠코가 매각하는 공매 자산 종류에는 유입자산, 수탁재산, 압류재산, 국유재산 등이 있다.

유입자산은 금융기관의 구조 개선을 위해 캠코가 법원 경매를 통해 취득한 재산이나 부실 징후 기업체를 지원하기 위해 기업으로부터 직접 사들여 다시 일반 수요자들에게 매각하는 부동산이다. 대체로 공사 유입 가격의 70~80%선에 낙찰되는 경우가 흔해 시세 대비 20~30% 싼 가격에 취득이 가능하다. 특히 명도를 캠코에서 전적으로 맡아 해준 뒤 공매 시장에 내놓는 경우가 많기 때문에 명도소송 등에 휘말리지 않고 소유권을 넘겨받을 수 있다.

수탁재산은 대개 기업의 비업무용 재산이라고 보면 된다. 금융기관이나 기업체가 소유하고 있는 비업무용 자산을 캠코에 매각 위임하면 캠코가 일반인에게 되판다. 공개입찰과 수의계약 모두 가능하다. 수탁재산은 소유자가 직접 매각을 의뢰한 물건이라 사전 확인이 가능하고 권리관계도 깨끗한 편이다. 금융기관 소유 물건이어서 대출 조건도 유리한 편이고 매매 대금도 분할 납부할 수 있다. 따라서 공매에 대한 전문지식이 없거나 처음 도전하는 투자자가 도전해볼 만하다.

국유재산은 말 그대로 국가(기획재정부)가 소유자다. 국가가 행정 목적을 수행하기 위해 국가 소유의 부동산을 캠코가 임대하거나 매각 입찰에 부치는 부동산이다. 주로 상가나 택지, 농지 매물이 많다.

압류재산은 국세, 지방세와 각종 공과금 등이 체납됐을 때 세무서 또는 지방자치단체 등이 체납된 세금을 징수하기 위해 캠코에 매각 의뢰한 것이다. 아파트, 상가, 토지 등 물건의 종류가 다양해서 실수요자와 일반 투자자자 모두 많이 몰린다. 법원 경매와 절차, 과정이 거의 비슷하기 때문에 투자자가 권리분석을 별도로 해야 하고, 명도책임도 매수자에게 있다. 압류재산은 매각이 공매로 진행되다 중단되는 경우가 많다는 점도 알아두면 좋다. 입찰 희망자가 이 물건에 관심을 두고 권리분석을 하고 있을 때 갑자기 물건이 내려지는 사례다.

부동산 공매라 하면 캠코에서 실시하는 공매가 주를 이루지만 예금보험공사(www.kdic.or.kr)에서도 정기적으로 파산재단이 보유한 알짜 부동산을 공매에 부친다. 가끔 일간지에 '제○회 파산재단 부동산 공매'라는 제목으로 공고가 뜬다. 파산재단 부동산 공매란 신용금고, 협동조합, 생명보험사 등 파산 금융기관이 소유하던 부동산을 예금보험공사가 일반인에게 공매하는 것을 말한다. 부동산 용도로는 금융기관이 직접 사용하던 업무시설이 가장 많고 상가나 주택도 꾸준히 매물로 나온다. 금융기관이 직접 사용하던 부동산인 만큼 목 좋고 교통이 편리한 물건이 많다.

공매에 참여하려면 캠코의 인터넷 사이트 온비드(www.onbid. co.kr)에 회원으로 가입한 뒤 온라인 금융거래를 위한 공인인증서를 등록해야 한다. 그 뒤 공매 대상 물건과 감정평가서 등 관련 서류를 확인한 뒤 응찰하면 된다. 처음부터 끝까지 전자입찰 방식으로 이뤄지기 때문에 응찰 방법을 익힌 후 투자에 나서는 게 좋다.

온라인으로 쉽게 참여할 수 있다고 해서 섣불리 투자에 나서는 것은 금물이다. 현장 입찰의 번거로움이 없어지긴 했지만 입찰 현장에서의 분위기 파악이나 적정 입찰가 판단이 어렵다는 단점도 있다. 또 입찰 가격 수정이 쉽지 않은 데다, 현장 확인을 소홀히 해 엉뚱한 부동산에 입찰하는 경우도 있는 만큼 입찰자 스스로 철저하게 물건을 분석해야 한다.

앞서 설명한 공매 재산별 특징과 장·단점을 미리 숙지하면 공매 부동산을 고를 때 선택의 폭이 넓어지고 보다 높은 시세차익도 기대할 수 있다. 예를 들어 아파트 실수요자는 압류재산이 유리하다. 압류재산으로 나오는 공매 물건 중 아파트 물량이 풍부하기 때문이다. 근린상가를 매입해 임대수익을 얻을 요량이라면 유입자산 중에 근린상가가 많이 포함돼 있다는 사실을 기억하자. 또 매입가격이 높은 상가 특성상 구입자 자금 여력에 따라 할부 납부를 이용할 수 있고, 높은 임대수익도 기대할 수 있다.

목돈이 없는 자영업자나 개인사업자는 국유재산 임대 물건 입찰을 눈여겨볼 만하다. 권리금 없이 사용료만 선물로 내면 1~2년간 임대도 가능해 주변 임대료 시세보다 저렴한 값에 임대할 수 있기 때문이다. 사무실이나 오피스텔로 수익을 내고 싶다면 예금보험공사의 파산재단 부동산 공매가 유리하다.

에필로그


    부동산 현장을 취재하다 보면 부동산 투자로 소위 '대박'나는 사례도 많지만, 반대로 사기를 당해 한 번에 수십억 원을 날리는 경우도 흔히 볼 수 있다.

    지난 2015년 4월 부산동부경찰서는 허위 개발 사실로 피해자를 속여 비싸게 부동산을 판 혐의(사기)로 장모 씨를 불구속 입건했다. 장 씨는 2012년 12월 울산 울주군의 한 임야를 "6m 도로가 곧 개설되고 전원주택지가 들어서는 등 개발 호재가 있다"고 속여서 공시지가가 3.3㎡당 3,420원에 불과한 땅을 24만 5,000원에 팔았다. 무려 7배 이상 가격을 부풀린 셈이다.

    장 씨가 사기를 친 과정은 이렇다. 그는 2012년 11월 울주군 임야를 4,000평가량 구매한 뒤 피해자를 모았다. "개발이 되면 3.3㎡

당 100만 원을 넘을 것"이라고 피해자들을 현혹했고 영업사원 10여 명도 동원했다. 또 장 씨는 투자금액에 따라 영업사원에게 10% 정도 이익을 주기도 했다.

하지만 실상은 달랐다. 장 씨가 구매한 임야는 도로가 없는 맹지로 개발 계획이 전혀 없는 곳이었다. 심지어 개발을 위해서는 해당 관청의 허가가 필요한 관리지역이었다. 개발 소식이 없자 피해자들이 장 씨를 추궁했지만 장 씨는 "곧 개발이 된다"며 피해자들을 속여 왔다. 하지만 2년이 지나도록 개발이 되지 않자 일부 피해자들이 경찰에 신고해 장 씨의 범행이 드러났다.

전문가들은 부동산에 투자할 때 가장 필요한 원칙은 첫째도, 둘째도, 셋째도 현장 답사라고 입을 모은다. 아무리 좋은 땅이라도 현장에 가보지 않으면 그 땅의 가치를 알아볼 수 없기 때문이다.

대기업에 다니는 채모 이사는 매주 주말마다 부동산 개발 현장을 찾아다니는 게 취미다. 부동산 투자에 워낙 관심이 많은 그는 '현장에 직접 가보지 않고서는 부동산 가치를 제대로 판단할 수 없다'는 지론을 갖고 있다. 그는 "요즘엔 인터넷 부동산 사이트나 모바일 애플리케이션도 워낙 많아서 앉은 자리에서 쉽게 부동산 정보를 익힐 수 있지만 분명 한계가 있다. 현장에 가보지 않고 부동산에 투자하는 건 위험천만한 일"이라고 털어놓는다.

물론 현장에 간다고 모든 게 해결되는 건 아니다. 부동산 용어를 아예 모르거나 관련 지식이 없으면 도무지 부동산 가치를 알기 어렵다. 일단 부동산 관련한 기본적인 용어나 정보를 익힌 후 투자에 나서는 게 필수다. 토지의 경우 해당 관청에 개발 가능 여부 등을 확인하거나 도로가 나기 쉬운지 등을 확인해야 한다. 그래야 기획부동산 피해를 막을 수 있다. 상가는 같은 위치라도 도로 인접 여부, 층수에 따라 시세가 천차만별인 만큼 적정 시세를 파악하는 게 기본이다.

둘째 원칙은 공인중개사를 잘 활용하는 것이다. 부동산 거래를 할 때는 공인중개사 손을 거치는 게 대부분이다. 부동산 투자를 할 때 좋은 매물을 확보하고 제대로 투자를 하고 싶다면 수수료를 2배 더 주고서라도 공인중개사를 설득하는 전략도 필요하다. 물론 공인중개사 말을 곧이곧대로 믿어서는 안 된다. 그들 직업 특성상 어떻게든 물건을 거래시켜야 수수료 수입을 얻기 때문에 매물의 단점은 애써 숨기는 경우가 많다.

언론에 등장하는 부동산 기사만 전적으로 의존해 투자하는 것도 위험하다. 신문 지면에는 건설사 광고를 받고 기획기사 형식으로 올리는 부동산 기사가 적지 않기 때문이다. 기자가 직접 현장을 방문해 객관적으로 취재했는지, 시세 조사는 제대로 했는지, 현장 분위기를 잘 담았는지 등을 꼼꼼히 살펴보는 게 중요하다.

부동산 투자를 하기에 앞서 실거래가 자료를 백분 활용하는 것

도 중요하다. 온나라부동산정보(http://www.onnara.go.kr)나 서울
부동산정보광장(http://land.seoul.go.kr/land/) 사이트를 이용해 최
근 실거래가 시세를 확인해보고 투자에 나서는 건 기본 중의 기본
이다.